À P

Mon
chien

Mon
chien

Caroline Davis

Le guide essentiel des
soins et de l'éducation
à donner à votre chien

97-B, montée des Bouleaux, Saint-Constant Qc, Canada J5A 1A9
Tél.: (450) 638-3338 Téléc: (450) 638-4338
Internet: www.broquet.qc.ca Courriel: info@broquet.qc.ca

Broquet

Catalogage avant publication de Bibliothèque et Archives nationales du Québec et Bibliothèque et Archives Canada

Davis, Caroline, 1961-

    Mon chien

    (À propos)

    Traduction de: Dog basics.

    Comprend un index.

    ISBN 978-2-89000-933-2

    1. Chiens. I. Titre.

SF427.D3814 2008   636.7   C2007-942013-3

Les conseils donnés dans ce livre ne remplacent pas l'avis d'un vétérinaire. Aucun chien ni aucun chiot n'ont été blessés au cours de la réalisation de ce livre.

À moins que l'information fournie ne soit destinée à un chien femelle, le générique masculin est utilisé. L'information s'applique tant aux mâles qu'aux femelles, sauf en cas de mention spécifique.

Pour l'aide à la réalisation de son programme éditorial, l'éditeur remercie le Gouvernement du Canada par l'entremise du Programme d'aide au développement de l'industrie de l'édition (PADIÉ); La Société de développement des entreprises culturelles (SODEC); L'Association pour l'exportation du livre canadien (AELC). Le gouvernement du Québec - Programme de crédit d'impôt pour l'édition de livres - Gestion SODEC.

Titre original : Dog Basics
Première publication en Grande Bretagne en 2007 par Hamlyn, une division de Octopus Publishing Group Ltd
2–4 Heron Quays, Londres E14 4JP

Copyright © Octopus Publishing Group Ltd 2007

Pour l'édition française :
Copyright © Broquet inc., Ottawa 2008
Dépôt légal – Bibliothèque nationale du Québec
1ᵉʳ trimestre 2008

Traduction : Janine Renaud
Révision : Nicole Éva, Denis Poulet
Infographie : Sandra Martel

Imprimé en Chine

ISBN 978-2-89000-933-2

TABLE DES MATIÈRES

Introduction 6

LES PREMIÈRES ÉTAPES 8

LE COMPORTEMENT DES CHIENS 38

PRENDRE SOIN DE VOTRE CHIEN 56

ÉDUQUER VOTRE CHIEN 70

LES SOINS DE SANTÉ 92

Index 126

Remerciements 128

INTRODUCTION

Pendant que j'écris, un Berger allemand dort à mes côtés. Hal fait partie de notre famille depuis environ huit ans et il représente, pour nous, le chien idéal. Il est doux, enjoué, obéissant, et il a un bon caractère. Il a sa propre personnalité que nous avons appris à comprendre et à apprécier au fil des ans. Chaque fois que je le regarde, je comprends ce qui nous pousse à vouloir un chien : c'est un copain extraordinaire.

Pour bien des gens, jeunes ou vieux, et spécialement pour ceux qui vivent seuls, leur chien est leur meilleur ami, et cela s'explique. Un chien est le compagnon rêvé. Il ne juge pas nos fautes, réelles ou pas, ne se met pas en colère contre nous, ne nous ment pas ni ne nous trahit. Il peut être misérable s'il est maltraité, mais il ne nous en blâmera pas. C'est l'innocence et la confiance mêmes.

Il est bien connu que les chiens apaisent le stress. Ils sont plus ouverts à nos émotions que les humains : ils endurent nos plaintes, jour après jour, célèbrent avec nous les occasions spéciales lorsque nous sommes seuls et nous réconfortent quand ça va mal.

Rien n'est plus relaxant que rentrer d'une dure journée de travail et être accueilli par un être ravi de nous voir, puis d'aller nous promener avec lui et, ainsi, de relâcher nos tensions mentales et physiques.

Cela étant, afin d'établir cette relation gratifiante et insouciante, il est essentiel de comprendre comment un chien pense et réagit. Dans ce cas, comme dans bien d'autres, plus on donne, plus on reçoit.

Une bonne relation est fondée sur le respect et la communication mutuels. Un maître juste et positif définit un cadre d'habitudes et de comportements appropriés que le chien comprend et adopte. Vous pouvez faire de votre nouvel ami un chien adulte bien élevé dont vous serez fier et que tous admireront, aimeront et vous envieront. Votre chien ne mérite pas moins.

Grâce à ce livre, vous découvrirez que posséder un chien implique plusieurs aspects, dont certains auxquels vous n'avez peut-être jamais pensé. Avant d'acquérir un chien, vous devrez considérer soigneusement tous ces éléments, tant pour votre bien-être que pour celui de l'animal. J'espère aussi que ceux qui ont déjà un chien trouveront ici des conseils qui les aideront à établir une relation encore plus harmonieuse avec leur ami à quatre pattes.

LES PREMIÈRES ÉTAPES

Vous voulez un chien, mais un chien voudrait-il de vous comme maître ? C'est une question qu'on doit se poser. La décision d'adopter un chien est d'ordre familial. Elle ne doit pas être prise à la légère, ni de façon irréfléchie, car il fera partie de votre famille pendant plusieurs années. Il est donc impératif que tous les membres de la famille immédiate veuillent un chien et soient prêts à assumer les devoirs et les responsabilités que cela suppose.

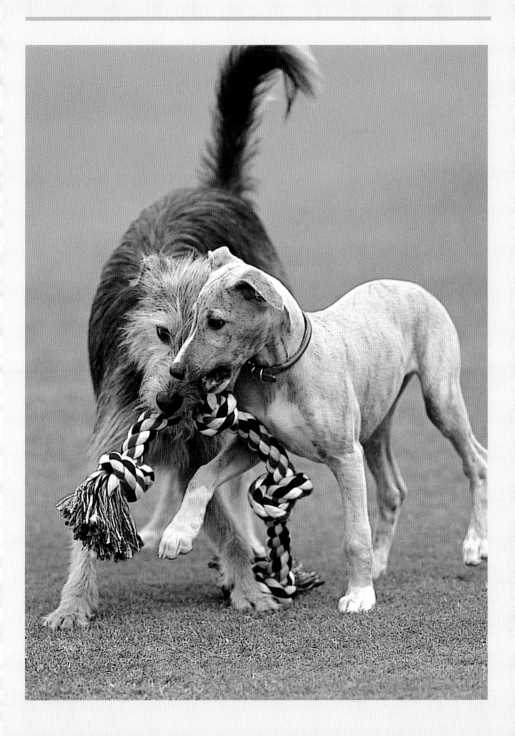

Pourquoi adopter un chien ?

Les chiens arrivent en tête de liste des animaux de compagnie. Bien qu'on demande à la plupart d'entre eux de n'être qu'une source de joie, beaucoup accomplissent encore le travail pour lequel ils ont été dressés : garder le troupeau, protéger les humains, aider les personnes handicapées. Ils accomplissent aussi fort bien des missions de sauvetage. Bref, le chien est l'animal de compagnie le plus polyvalent que l'on puisse souhaiter.

Posséder et prendre soin d'un chien apporte réconfort et motivation à des personnes de tous âges.

Pour la compagnie

Un chien offre à ses maîtres un amour et une loyauté inconditionnels s'il reçoit, en retour, de la nourriture, un abri et de l'affection. Posséder un chien heureux et en santé est l'un des plus grands plaisirs de la vie. Grâce à lui, vous vous ferez de nouveaux amis au cours de vos promenades ou lors des cours de dressage. Le chien, comme d'autres animaux de compagnie, favorise la détente, facilite le retour à la santé, et nous aide à demeurer alertes et vifs quand nous vieillissons.

Pour l'exercice et le plaisir

Indispensable au bien-être du chien, la promenade quotidienne est excellente pour notre propre santé. Deux sessions de 20 minutes de marche rapide tonifient notre corps et maintiennent notre capacité cardiovasculaire. De plus, vous aurez autant de plaisir que votre chien à jouer avec lui, à lui lancer la balle et à l'éduquer.

Pour l'affection

Il est touchant de voir à quel point un chien apprécie l'affection que son maître lui prodigue. L'amour et la loyauté sont les grandes qualités qu'on recherche chez un chien. Comme il cohabitait en meute à ses origines, il est resté sociable et ne vit que pour plaire à ses maîtres, car il obtient, en retour, une vie confortable. Certains types de chiens sont plus affectueux que d'autres. Si c'est ce que vous recherchez, renseignez-vous sur les diverses races afin d'en choisir un qui adorera vos caresses et vos attentions. Vous éviterez ainsi de vous retrouver avec un chien plus indépendant.

Pour la sécurité et l'indépendance

La présence d'un autre être vivant rend les personnes qui vivent seules plus confiantes. En soi, devoir s'organiser pour accommoder le chien nous aide à maintenir une vie plus ordonnée et plus équilibrée.

Le chien rivalise avec le système d'alarme en signalant, sans tarder, toute anomalie, tel un incendie. Il a aussi la réputation de sauver des gens en cas de danger, comme lors de l'intrusion d'inconnus, par exemple. Grâce à son ouïe très développée

Les chiens sont bons pour notre santé. Jouer et marcher avec eux nous procurent une bonne dose d'exercice.

et à sa grande aptitude au dressage, il améliore grandement la qualité de vie des personnes handicapées, qu'elles le soient au niveau auditif, visuel ou à d'autres niveaux.

Chien de race ou métissé ?

Avant d'aller chercher un chien, vous devrez prendre un certain nombre de décisions concernant, entre autres, la race et le type. Vous pensez peut-être à son apparence, à sa couleur et à son tempérament, mais cela suffira-t-il à en faire un chien qui répondra à vos attentes et s'intégrera, sans problème, à votre mode de vie ?

Quelle est la différence ?

Le choix d'un chien de race ou métissé demeure une décision personnelle. Toutefois, mieux vous serez renseigné et plus vous serez apte à ramener à la maison un chien qui vous comblera.

On attribue volontiers à certains chiens de race des traits de caractère précis tels que décontracté, tolérant, affectueux. Alors, faites vos devoirs et prenez le temps de découvrir les caractéristiques de chaque race. Ainsi, votre choix s'en trouvera simplifié.

Le chien à poil long doit être brossé quotidiennement afin que son pelage reste sain, beau et lisse.

Les types

Il existe trois types de chiens :
• le chien de race ou pure race ;
• le chien métissé ou croisé (avec des parents de races différentes) ;
• le chien de race indéfinissable ou bâtard (dont l'un ou l'autre des parents, ou bien les deux, est métissé ou de race indéfinissable).
Le coût peut influencer votre choix, mais sachez que le chien de race n'est aucunement supérieur aux chiens métissés ou de race indéfinissable. Sur le plan de la santé, ce serait plutôt le contraire puisque plusieurs chiens de race sont sujets à des problèmes, tant physiques que psychologiques, imputables à la consanguinité.

Les groupes

Les chiens de race sont répartis en différents groupes selon leur fonction, c'est-à-dire selon ce pour quoi ils ont été domestiqués à l'origine.

Votre mode de vie

Votre mode de vie déterminera, en grande partie, le type de chien que vous devez rechercher. N'oubliez pas que vous serez responsable de sa santé et de son bien-être, et ce, sa vie durant !
• Certaines races exigent plus de soins que d'autres. Serez-vous capable de vous en occuper chaque jour pendant les 15 prochaines années ? Si le poil de votre chien nécessite beaucoup de toilettage ou doit être taillé régulièrement, vous devrez apprendre comment en prendre soin.

PURE RACE, MÉTISSÉ OU BÂTARD ?

TYPE	POUR	CONTRE
Pure race  *Labrador*	• Armé de renseignements disponibles sur la race, vous savez habituellement à quoi vous en tenir sur l'apparence et le caractère. • Vaste choix de types et de couleurs. • Généralement élevés avec soin, devraient donc être en santé.	• Coûtent plus cher que les métissés. • Certains sont sujets à des troubles ou à des maux héréditaires. • Certaines races ont des traits de caractère ou des besoins qui ne conviendront pas à votre mode de vie. • Certaines races, plus rares, sont difficiles à obtenir.
Métissé  *Berger allemand croisé*	• Habituellement moins chers que les chiens de race. • Si vous connaissez les parents, vous pourrez prévoir l'apparence et le caractère. • Généralement plus robustes, selon leur métissage et leur ascendance. • Si le métissage a été voulu, les chiots auront été bien soignés, dressés, socialisés, et seront sains ; mais comme ce n'est pas toujours le cas, restez vigilant.	• Pas toujours faciles à obtenir, surtout si vous recherchez un métissage spécifique. • Certaines combinaisons peuvent être « explosives » et engendrer un chiot exigeant, épuisant, décourageant (Border Colley + Springer Spaniel anglais, par exemple – bien qu'il y ait toujours des exceptions).
Bâtard  *De race indéfinissable*	• Gratuits ou pas chers. • Vaste choix de types et de couleurs. • Faciles à trouver. • Habituellement peu sujets aux troubles de santé de nature génétique.	• Les parents étant généralement inconnus, il est difficile de prévoir l'aspect, le comportement et le caractère du chien. • Vous devrez peut-être attendre pour trouver un chien de l'âge, de la couleur et du sexe de votre choix. • Difficile de savoir si le chien a été bien dressé et soigné ; soyez donc attentif à tout signe de troubles de santé, de comportement ou de personnalité.

• Si votre chien est extraverti, énergique et a besoin de se dépenser vigoureusement, vous devrez lui consacrer beaucoup de temps. Cela semble évident, mais il n'en demeure pas moins que les refuges pour animaux accueillent des milliers de bêtes abandonnées par des maîtres qui n'en peuvent plus.

Le bon chien pour vous

Le chien de race n'est pas nécessairement plus aimant, intelligent ou vilain que les autres. Quant à l'apparence de chaque race, c'est une affaire de goût. Le chien de travail est plus exigeant, le chien de compagnie, plus décontracté et le chien métissé, généralement plus robuste. Au-delà du type ou de la race, le caractère d'un chien dépend aussi de la façon dont il est éduqué et dirigé par les humains. Et bien que le coût à l'achat diffère, vous paierez le même prix pour le faire stériliser et vacciner, ainsi que pour le nourrir et le soigner.

Le tableau de la page suivante vous montre quels types de chiens peuvent être compatibles avec votre mode de vie, et, par conséquent, vous rendre heureux et être heureux en votre compagnie.

CARACTÉRISTIQUES DES GROUPES DE BASE

GROUPES	CARACTÉRISTIQUES
Chiens de troupeaux (Berger allemand, Colley, Chien de berger, Terre-neuve, Corgi de Galles, Briard)	Faciles à dresser; très actifs; très sensibles et sujets à un comportement stéréotypé si leur intelligence et leur énergie ne sont pas adéquatement dirigées. Très loyaux, ils ont besoin de beaucoup d'exercice et de stimuli.
Chiens courants (Greyhound, Beagle, Basenji, Teckel, Chien de Rhodésie à crête dorsale)	Affectueux et amicaux mais très indépendants donc plus difficiles à dresser.
Chiens de chasse (Pointers, Retriever, Épagneuls)	Compagnons recherchés, car ils sont naturellement portés à travailler de concert avec leurs maîtres; ils ont bon caractère, sont tolérants, enclins à plaire et prompts à apprendre.
Terriers (Bedlington Terrier, Bull-terrier, Terrier australien, Terrier de chasse allemand, Jack Russel d'Australie)	Enjoués, curieux, tenaces; caractère fort et déterminé; souvent autoritaires et jappeurs; se méfient des inconnus; ne tolèrent pas toujours les enfants.
Chiens de travail (Rottweiler, Doberman, Leonberg, Boxer, Husky de Sibérie, Saint-Bernard, Montagne des Pyrénées, Akita japonais, Dogue de Bordeaux, Danois)	Caractère influencé par leur race, leur environnement, la socialisation et le dressage; très volontaires, peuvent devenir insolents s'ils ne sont pas dressés adéquatement.
Chiens de manchon (ou Toy) (Pékinois, Poméranien, Pinscher nain, King Charles, Yorkshire)	Petits, habituellement amicaux et affectueux, ce qui ne les empêche pas d'être de braves chiens de garde.

Airedale

QUEL TYPE DE CHIEN CONVIENT-IL À VOTRE MODE DE VIE ?

Jeune couple actif ; grande maison ; zone rurale retirée ; multiples possibilités d'activités en toute liberté.	Propriétaires expérimentés ; veulent un chien de garde et de compagnie.	Poils et bave O.K. ▲ Chien de moyenne ou grande taille ▼ Poil d'entretien facile	Briard, Colley à poil long, Berger allemand, Terre-neuve, Saint-Bernard, Leonberg, Afghan, Barzoï, Deerhound écossais. Chien de Rhodésie à crête dorsale, Danois, Rottweiler, Lurcher, Saint-Hubert, Berger allemand à poil court, Springer Spaniel anglais, Lévrier irlandais, setters et pointers, Dobermann, Bullmastiff.
Personne active ; petite maison et petit jardin ; zone résidentielle ; activités en toute liberté sous surveillance.	Propriétaire expérimenté ; veut un chien actif et joyeux pour sa compagnie et pour faire de l'exercice.	Poil doux, d'entretien facile ▲ Petit chien ▼ Ne s'oppose pas au toilettage	Whippet, Lancashire Heeler, Jack Russell d'Australie, Chihuahua, Teckel à poil ras, Terrier de Boston. Caniche nain ou Toy, Cavalier/King Charles, Poméranien, Yorkshire, Bichon maltais, Affenpinscher, Westie, Cocker Spaniel américain ou anglais, Terrier Dandie Dinmont, Border Terrier, Bedlington Terrier.
Couple d'âge moyen ; maison de grandeur moyenne et grand jardin dans zone rurale ; aime marcher et faire de petits voyages aux alentours.	Propriétaires expérimentés ; veulent un chien gentil, amusant et actif pour compagnie et faire des excursions.	Poil exigeant un entretien moyen O.K. ▲ Chien de moyenne ou grande taille ▼ Poil d'entretien facile	Colley à poil long, Cocker/ Springer Spaniel anglais, Caniche standard, Border Colley, Golden Retriever, Airedale, Schnauzers, Husky de Sibérie, setters. Dalmatien, Labrador, Braque de Weimar, Rottweiler, Colley à poil court, Basenji, Dobermann, Boxer, Greyhound, Berger allemand à poil court, pointers, Braque hongrois, Lévrier de pharaon, Chien de Rhodésie à crête dorsale.
Famille avec jeunes enfants ; grande maison et grand jardin ; zone résidentielle.	En est à son premier chien ; veut un chien de garde et de compagnie amusant, familial et amical.	Poil exigeant un entretien moyen O.K. ▲ Chien de moyenne ou grande taille ▼ Poil d'entretien facile	Colley barbu, Terre-neuve, Berger des Shetland, Colley à poil long, Cavalier/King Charles, Épagneul tibétain, Bouvier bernois, Golden Retriever, Vallhund suédois. Dalmatien, Labrador, Boxer, Colley à poil court, Greyhound, Schipperke, Terrier de Boston, Whippet, Beagle.
Couple âgé ; mobilité réduite ; petite maison et petit jardin.	A eu des chiens par intermittence ; veut un chien de garde loyal et affectueux.	Poil exigeant beaucoup d'entretien O.K. ▲ Toutes tailles O.K. mais préfère un petit chien ▼ Poil d'entretien facile	Lhassa-Apso, Shih Tzu, Bichon frisé, Caniche nain ou Toy, Cavalier/King Charles, Bichon maltais, Teckel à poil long, Pékinois, Épagneul nain continental. Greyhound, Schipperke, Corgi, Carlin, Chihuahua, Petit Lévrier italien, Chien nu chinois, Terrier Dandie Dinmont.

Chiot ou chien adulte ?

Bien sûr, un chiot est adorable. Mais adopter un bébé risque de ne pas convenir à votre mode de vie. Il est nettement plus facile d'évaluer le caractère et les travers d'un adulte.

CHIOT OU ADULTE : GUIDE-ÉCLAIR

ÂGE	POUR	CONTRE
Chiot	• S'adaptera mieux selon son caractère et les circonstances. • Vous prendrez plaisir à le voir grandir et se développer. • Vous en profiterez pendant plusieurs années. • Plus facile à éduquer selon vos propres besoins.	• Prendra beaucoup de votre temps. A besoin de petits repas à intervalles réguliers, puis de sortir après pour faire ses besoins. Doit être dressé et socialisé. • Risque d'être effrayé de se retrouver dans une famille active sauf s'il a côtoyé des humains (voire d'autres animaux) depuis sa naissance. • S'il y a de jeunes enfants à la maison, vous devrez les surveiller pour vous assurer qu'ils ne blessent ni ne tourmentent le chiot par inadvertance. • Ne sera pas stérilisé.
Adulte	• Vous ne devrez pas lui consacrer autant de temps. • Devrait être propre. • Son caractère est établi. • Devrait être socialisé. • Peut être déjà dressé à obéir. • Peut être déjà stérilisé.	• Espérance de vie limitée par son âge. • Il mettra plus de temps à s'attacher à vous et à vos autres animaux. • S'intégrera peut-être plus difficilement à votre famille. • Peut souffrir de maux ou de maladies. • Certains comportements indésirables peuvent se manifester uniquement après son installation.

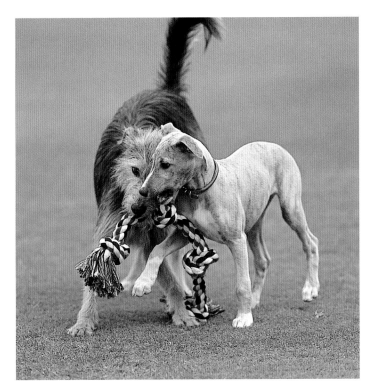

Si vous possédez déjà un chien, veillez à ce que le nouveau venu ne passe pas plus de temps avec lui qu'avec vous.

Le chien et les enfants

On ne peut attendre des enfants qu'ils sachent comment approcher et diriger un chien. Il faut donc les surveiller constamment quand ils sont ensemble, afin de prévenir les accidents. Les enfants ont envie de découvrir leur nouvel ami et de jouer avec lui, cependant ils ne doivent pas lui tirer les oreilles ou le déranger quand il mange ou dort.

Si vous enseignez à vos enfants à se comporter gentiment et respectueusement avec le chien, ils deviendront sans doute de très bons copains. Vous trouverez, aux pages 60 et 61, plus de conseils sur le sujet.

Quel sexe ?

Le sexe importe peu si vous prévoyez faire stériliser votre chien, car il y aura alors peu de différence entre le comportement d'un mâle et celui d'une femelle. En fait, le degré d'affection et d'obéissance du chien dépend de la façon dont vous l'éduquez et le traitez. (Voir pp. 110-111, La stérilisation.)

Un chien ou deux ?

Est-ce une bonne idée de vous procurer un second chien ? Habituellement, les choses tournent bien une fois que les deux chiens se sont mutuellement acceptés. Mais elles peuvent se compliquer si chacun des chiens s'attache plus à l'autre qu'à vous ; vous risquez alors d'avoir des problèmes à les éduquer ou de les voir échanger, entre eux, des comportements indésirables. (Voir pp. 54-55, Adopter un second chien.)

Quand adopter un chien ?

Vouloir un chien et en avoir un, ce n'est pas la même chose. Alors pensez-y bien et demandez-vous si vous aimeriez qu'il partage votre vie dès maintenant. Que vous adoptiez un chiot ou un adulte, vous devrez le faire en temps opportun et lorsque votre vie s'y prêtera. Plusieurs facteurs comptent alors.

Est-ce le bon moment ?

Êtes-vous prêt ? Ce n'est sans doute pas le bon moment si vous :
• déménagez ou partez en vacances ;
• êtes très occupé par le travail ou votre vie sociale ;
• changez de travail ou prévoyez perdre votre emploi ;
• êtes malade ;
• vous séparez de votre conjoint ou êtes en deuil ;
• attendez un bébé ;
• vous préparez à une grande fête familiale qui chamboulera votre routine et rendra votre maisonnée agitée et bruyante.

Il y a toujours des exceptions à la règle. Ainsi, en période de stress, plusieurs personnes sont réconfortées par la présence de leur animal. Ils croient que ce dernier n'en souffre pas puisque, malgré tout, il est bien nourri et bien soigné. Néanmoins, l'animal ressent l'anxiété de son maître et il peut en être perturbé. Il arrive alors qu'il demande plus d'attention ou commence à faire ses besoins dans la maison. Assurez-vous donc d'être capable, tant sur le plan matériel qu'émotif, d'offrir un foyer rassurant et harmonieux à votre nouveau chien.

Les vacances

Attendez votre retour de vacances avant d'adopter un chien, sinon il serait bouleversé à deux reprises en peu de temps : d'abord quand vous le retirerez de son ancien foyer, puis quand vous le laisserez au chenil ou avec un gardien. Pour son bien-être mental et physique, votre nouveau compagnon doit pouvoir prendre le temps de s'adapter à son nouveau foyer.

La disponibilité

Il est parfois difficile de trouver un chien et ce, pour plusieurs raisons :
• si vous recherchez un chien de race, de couleur ou de sexe spécifique, il peut ne pas être disponible et vous devrez alors vous inscrire sur la liste d'attente d'un éleveur ;
• la disponibilité en chiots dépend toujours des périodes d'accouplement ;
• le refuge pour animaux n'abrite pas en ce moment le type exact de chien que vous recherchez ;
• les chiots sont très en demande et vous devrez peut-être attendre.

Assurez-vous que ce soit, pour toute la famille, le bon moment pour adopter un chien.

Où trouver un chien ?

Plusieurs possibilités s'offrent à vous : éleveurs, propriétaires d'une bâtarde qui vient d'accoucher, refuges pour animaux. Faisons, si vous le voulez bien, le tour des avantages et des inconvénients de chacune de ces possibilités.

Où trouver un chien ?

Le journal local, les animaleries, le tableau d'affichage du vétérinaire et les refuges sont autant de moyens de trouver un chiot ou un chien adulte. Il y a également le bouche à oreille.

Quel est le meilleur endroit ?

Aucun. Ils ont tous leurs qualités et leurs défauts.

Les éleveurs

Choisissez un chiot quand toute la portée est là. Certes, l'apparence du chiot influencera votre choix, mais notez également son comportement et son état de santé. Préférez un chiot sain, extraverti, vif et amical. Ne prenez pas un animal qui semble malade.

Il est parfois possible d'adopter un chien adulte de race pure dont l'éleveur n'a plus besoin, ou un chiot issu d'un accouplement non voulu et qui, par conséquent, n'est pas utile à la reproduction.

Les amis et la famille

Un chien plus âgé, déjà dressé à la propreté et obéissant, vous conviendra si vous n'avez pas le temps d'élever un chiot.

Les refuges pour animaux

Obtenez auprès du personnel le plus de renseignements possible sur le chien. Par exemple, un chien errant peut ne pas être dressé à la propreté.

Le chien errant

Vous croyez que ce chien errant est abandonné, mais son maître s'inquiète peut-être de sa disparition. Avant de le faire vôtre, tentez de retracer son propriétaire par le biais des autorités locales et des refuges pour animaux. Affichez les détails de votre découverte chez le vétérinaire et dans les animaleries. Enfin, faites vérifier s'il ne porte pas une puce d'identification.

Les animaleries et les « usines à chiots »

Il n'est pas conseillé d'acheter un chien d'une animalerie ni d'une « usine à chiots ». Si c'est votre unique option, assurez-vous que les animaux y sont bien soignés, ont assez d'espace vital, de nourriture et d'eau, et qu'ils semblent en bonne santé.

COMBIEN COÛTE UN CHIEN ?

ENDROIT	COÛT
Éleveur	Très variable, selon la race et qu'il s'agit ou non d'un chien de compétition.
Amis et famille	Généralement gratuit s'il ne s'agit pas d'un chien de race ; sinon, le coût varie en fonction des raisons motivant sa mise en adoption.
Refuge	En général, le coût correspond aux frais de stérilisation et de vaccination.
Chien errant	Gratuit.
Animalerie	Variable : les chiens de race sont plus chers.

Le matériel de base

Il existe une foule de produits et d'accessoires pour chiens, certains prétendument essentiels à leur bien-être, ce qui est faux. En fait, vous avez besoin de peu de choses pour répondre aux besoins de votre nouveau chien et, généralement, elles ne coûtent pas cher.

Les bols pour l'eau et la nourriture doivent être de la bonne grandeur pour votre chien.

Les bols pour la nourriture et l'eau

Votre chien doit avoir ses propres écuelles, des bols impossibles à renverser. Les bols en céramique émaillée ou en acier inoxydable sont excellents, car ils se nettoient facilement, sont hygiéniques et ne peuvent être mâchouillés.

La pelle

Il existe des pelles spéciales qui servent à ramasser les crottes de votre chien de façon hygiénique, que ce soit dans votre jardin ou ailleurs. Jetez les crottes, emballées dans du papier journal ou des sacs biodégradables, avec les ordures et non pas dans la cuvette des cabinets. En promenade, ayez sous la main un sac biodégradable pour y mettre les crottes de votre chien; rapportez-les chez vous ou jetez-les dans des poubelles prévues à cet effet.

Le lit et la couche

Optez pour un grand lit fait d'un matériau lavable (voyez le tableau à la page suivante), qui accommodera votre chien au fil de sa croissance. Choisissez-le avec des côtés élevés qui le protégeront des courants d'air. Placez-y au fond une couche, épaisse et bien confortable, facile à laver et qui sèche rapidement. Les couvertures, les tissus ouatés, les vieilles couettes, les vieux oreillers et la literie en finette, vendue chez le vétérinaire, font tous des couches douillettes et bien isolées.

Les jouets

Les jouets qu'on lance raviront la plupart des chiens, car ils stimulent

Achetez un lit assez grand pour que votre chien s'y sente bien quand il sera adulte.

LITS ET COUCHES : GUIDE-ÉCLAIR

TYPE DE LIT	POUR	CONTRE
Carton	• Pas cher • Très disponible • Protège bien des courants d'air.	• Doit être remplacé souvent • Couche nécessaire • Facile à mâchouiller.
Plastique	• Peu cher • Hygiénique • Facile à nettoyer • Garde bien des courants d'air.	• Couche nécessaire • Facile à mâchouiller.
Osier	• Joli.	• Cher • Ne protège pas des courants d'air • Retient la poussière et les poils ; difficile à nettoyer • Couche nécessaire • Facile à mâchouiller.
Matelassé ou en fausse fourrure	• Confortable • Sert aussi de literie.	• Nid à puces si pas lavé souvent • Parfois difficile à laver et à sécher • Cher • Facile à mâchouiller.
Sacs de billes	• Les chiens les adorent • Confortables • Chauds.	• Enlever les billes de polystyrène avant le lavage est long • Si les billes s'échappent, c'est toute une corvée de les ramasser • Facile à mâchouiller.

le plaisir instinctif qu'ils ont à chasser et à attraper. Misez sur ce réflexe pour dresser votre chien à attraper l'objet et à vous le rapporter. Pour satisfaire leur aptitude naturelle à pister, traquer, attraper et tuer, cachez des jouets dont ils flaireront la piste pour enfin

Il y a plein de jouets pour les chiens : des balles, des cordes, des jouets à lancer et à attraper, à cacher et à flairer.

mettre la patte dessus. Quand un chien secoue un jouet, c'est sa façon d'étourdir ou de blesser sa proie et ainsi de la rendre inoffensive. Pour lui, mâchouiller un jouet ou le réduire en charpie lui rappelle que jadis, il déchirait la chair de ses proies.

Les jouets pour l'exercice et les jouets à mâchouiller tiendront votre chien occupé. Les jouets pour l'exercice, dans lesquels on peut insérer des gâteries, retiendront son attention pendant des heures ! Quant aux jouets à mâchouiller, leur taille doit convenir à celle de votre chien et ils doivent lui être remis seulement lorsque vous pouvez le surveiller afin d'empêcher qu'il ne s'étouffe.

La trousse de premiers soins pour chiens

Elle est essentielle tant pour soigner les petits bobos que pour donner les premiers soins en attendant l'intervention du vétérinaire. Vous pouvez l'acheter toute faite dans une animalerie ou chez le vétérinaire, ou l'assembler vous-même. (Voir p. 117, La trousse de premiers soins.)

Les traitements contre les parasites

Les parasites, tant internes qu'externes, nuisent à la santé des chiens. Les traitements les plus efficaces sont ceux prescrits par le vétérinaire et, bien qu'ils soient plus chers que ceux vendus par les animaleries, ils en valent le coût car ils agissent nettement mieux.

Les colliers

Les colliers larges, de cuir ou de tissu, et le collier semi-étrangleur (fait de trois quarts de tissu et d'un quart de chaîne métallique) sont les plus appropriés. Le semi-étrangleur est utile pendant le dressage, car on peut se servir de la chaîne pour faire du bruit et ainsi attirer l'attention du chien.

Quand vous ajustez le collier, assurez-vous de pouvoir glisser deux doigts entre celui-ci et le cou du chien. Vérifiez régulièrement s'il y a des signes d'irritation ou si vous devez relâcher le collier afin qu'il demeure confortable au fil de la croissance du chien.

ATTENTION !

Les colliers étrangleurs ne sont pas conseillés : on s'en sert trop souvent mal, au risque d'indisposer voire de blesser le chien.

La laisse

Il en existe plusieurs sortes. La meilleure est celle qui vous convient, à vous et à votre chien. Le fait qu'elle soit de la bonne longueur pour la taille de votre chien et de la bonne largeur pour votre main fera une énorme différence, pour chacun, en termes de maîtrise et de confort.

La laisse doit être assez longue pour demeurer légèrement détendue. Trop courte, vous traînerez votre chien. Trop longue, vous n'en finirez plus de devoir vous faire obéir. Imitez les entraîneurs et achetez-en une, en tissu ou en cuir, qui se raccourcit ou s'allonge à votre gré : à la fois utile pour le dressage et agréable en promenade.

Il existe aussi plusieurs sortes de laisses rétractables. Elles doivent se rétracter facilement et instantanément, et aussi convenir au poids de votre chien, sinon elles risquent de lâcher s'il se met à courir, et de venir vous fouetter la main et le visage, ce qui peut causer de mauvaises blessures. Pour des raisons de sécurité, n'employez pas de laisse rétractable si votre chien a tendance à tirer dessus ou à s'exciter.

Il est important de choisir le collier et la laisse qui vous conviennent, car vous pourrez ainsi mieux diriger et entraîner votre chien. Les harnais de tête « Halti » et « Gentle Leader » constituent de bons choix.

Un peigne à dents espacées (à gauche) démêle les poils longs ; une brosse à lustrer (au centre) enlève les poils morts ; le peigne fin (à droite) retire les puces dissimulées dans les poils.

La cage

Petite ou grande, elle sert de lit. Elle favorise l'apprentissage de la propreté, isole, au besoin, le chien de la famille et des autres animaux et lui permet de voyager de façon sécuritaire. Il y a en de toutes les grandeurs et avec toutes sortes d'ouvertures. Une bonne cage, bien robuste, coûte cher, alors choisissez-la assez grande pour un chien adulte. Une cage peu chère est souvent mal faite ou fragile ; c'est donc une fausse économie puisqu'elle ne durera pas.

Les cages plastifiées sont moins bruyantes et plus faciles à nettoyer que les cages métalliques. Une cage à double porte pliante est très utile, notamment en voiture.

Les accessoires de toilettage

Tous les chiens doivent être toilettés régulièrement, et certains plus souvent que d'autres. Le toilettage garde leur poil et leur peau en bon état, préserve leur apparence et empêche les poils de tomber ou de s'emmêler.

Une brosse rigide convient aux poils courts. Les poils moyens nécessitent une brosse rigide et une peau de chamois (un gant soyeux qui lustre le poil). Un peigne en métal, à dents espacées, réussit à démêler les poils longs. Renseignez-vous auprès d'un éleveur ou d'un salon de toilettage avant d'acheter ces accessoires.

Si votre chien doit se faire tailler, tondre ou dépaissir les poils régulièrement, vous envisagerez peut-être d'investir dans les accessoires nécessaires afin de procéder vous-mêmes au toilettage de votre animal et de faire ainsi des économies. C'est une bonne solution si vous souhaitez simplement garder les poils à une longueur raisonnable. Cependant, c'est moins simple qu'il y paraît et quelqu'un devra vous enseigner les bases de cet art.

La niche et l'enclos

Une niche, ou un enclos, s'avère fort utile :
• si votre chien est un as de l'évasion ;
• pour laisser votre chien s'assécher quand il est mouillé ou boueux ;
• pour isoler votre chien quand vos visiteurs craignent ou n'aiment pas les chiens ;
• pour éviter les bagarres entre votre chien et le chien de vos convives ;
• pour offrir à votre chien un endroit où il peut se reposer en paix quand il en a besoin.

L'alimentation

Un chien en santé doit consommer chaque jour une nourriture équilibrée, en quantité appropriée. Il n'est pas toujours facile de s'y retrouver parmi les nombreux produits qui encombrent les tablettes. Aussi, simplifions les choses : les facteurs qui guideront vos choix sont les besoins nutritionnels du chien, son âge, sa santé et son mode de vie.

Les habitudes alimentaires

Le chien est omnivore ; il s'accommode d'une diète végétarienne mais préfère les repas à base de viande. À l'état sauvage, il chasse, tue, mange, puis dort. Un jour, il engouffre un animal entier, puis pendant deux ou trois jours il ne trouve rien à se mettre sous la dent. Cela explique pourquoi certains chiens ont tendance à trop manger, par crainte atavique d'avoir à jeûner longtemps.

Le chien adulte mange habituellement une fois par jour, mais on peut diviser la ration quotidienne en deux services. Il est préférable de donner plusieurs petites collations par jour aux chiens dont la poitrine est profonde (comme le Berger allemand, le Danois et les setters) afin de prévenir les ballonnements (dilatation et volvulus gastriques).

On trouve sur le marché (habituellement chez le vétérinaire) des aliments spécialement préparés pour les chiens atteints de calculs rénaux, de sénilité, d'obésité, de troubles digestifs, de diabète, de problèmes de dents ou de gencives, d'allergies, ainsi que pour les chiens de différents groupes d'âge. Il existe même des formules pour chiens à poil long, ainsi que des aliments holistiques sans additifs artificiels.

Les nutriments nécessaires

En général, le chien n'est pas difficile à nourrir et son alimentation ressemble à la nôtre, avec un peu plus de protéines. Il digère facilement presque tous les aliments d'origine animale, les céréales, les légumes racines et les gras. Une alimentation équilibrée et en proportion adéquate, lui procurera tous les nutriments essentiels suivants.

L'eau est source de vie. Veillez à ce que votre chien ait toujours de l'eau fraîche et propre dans son bol. Changez-la chaque jour et lavez le plat régulièrement.

Les glucides

Les glucides (ou sucres) représentent, sous forme d'amidon de céréales, jusqu'à 70 % du poids de la nourriture du chien (sans compter l'eau) ou environ les deux tiers des calories. Les biscuits pour chiens, les pâtes et le riz sont trois bonnes sources d'énergie ; le riz est particulièrement indiqué pour les chiens allergiques au blé.

Les protéines

Les protéines d'origine animale ou végétale contribuent à la formation et à la régénération des tissus corporels et à la production d'hormones. La matière sèche des aliments doit contenir un minimum de 15 % de protéines, dont au moins la moitié d'origine animale (viande, produits laitiers) ou d'origine végétale de grande qualité, comme le soja.

Les minéraux

Les minéraux portent souvent le nom de « cendres » sur l'emballage. Les plus importants sont le calcium et le phosphore. Ils constituent l'essentiel de la matière minérale osseuse et doivent représenter environ 3 % du régime alimentaire. Un excès de calcium, surtout chez les chiots de race de grande taille, peut entraîner des anomalies osseuses, tandis que trop de phosphore (présent dans une alimentation très riche en viandes et en abats) risque de causer une éclampsie chez les chiennes qui allaitent. Les autres minéraux essentiels, comme le zinc et le cuivre, sont naturellement présents dans la viande, les céréales et les autres éléments d'un régime équilibré.

Les vitamines

La vitamine A (rétinol) est essentielle à la croissance et à la vision, tandis que les vitamines du groupe B contribuent notamment au bon fonctionnement du système nerveux central. La vitamine D aide l'organisme à produire du calcium, bon pour la santé des

Certaines entreprises préparent des gâteaux d'anniversaire pour chien à base d'ingrédients sains et appropriés.

os et des dents, tout comme le phosphore. La vitamine E (tocophérol) est vitale pour les membranes cellulaires. Comme le chien peut produire sa propre vitamine C (acide ascorbique), il n'est pas nécessaire de l'ajouter à son régime.

Les gras

Le gras rend les aliments plus savoureux, mais seuls les acides gras essentiels sont nécessaires à la santé – ils régulent la perte d'eau à travers la peau. Une déficience en acides gras essentiels nuit à la reproduction, à la peau, aux poils et à la cicatrisation.

Les fibres

Un manque de fibres (brutes) peut causer – spécialement chez le chien âgé et sédentaire – de la constipation et d'autres troubles digestifs comme des selles molles. Les fibres proviennent des matières non digestibles des aliments comme les légumes et les céréales.

L'équilibre

L'équilibre est le mot clé : l'excès de l'un ou l'autre de ces nutriments est aussi nocif

LE GUIDE DES RATIONS QUOTIDIENNES

POIDS SANTÉ D'UN CHIEN ADULTE	QUANTITÉ DE NOURRITURE
2 kg (5 lb)	110 g–140 g (4 oz–5 oz)
5 kg (10 lb)	200 g–280 g (7 oz–10 oz)
10 kg (25 lb)	400 g–570 g (14 oz–1 lb 4 oz)
20 kg (50 lb)	680 g–900 g (1 lb 8 oz–2 lb)
35 kg (75 lb)	900 g–1,1 kg (2 lb–2 lb 8 oz)
45 kg (100 lb)	1,25–1,6 kg (2 lb 12 oz–3 lb 8 oz)
70 kg (150 lb)	1,7–2,5 kg (3 lb 12 oz–5 lb 8 oz)

que la carence. Si votre chien consomme plus de calories que nécessaire, il engraissera, et l'obésité cause, chez le chien comme chez l'humain, des problèmes cardiaques, articulaires et pulmonaires. La façon la plus simple et la plus sûre de bien nourrir votre chien est de lui donner des préparations commerciales de marques réputées, en respectant les doses indiquées sur l'emballage.

La quantité

La ration quotidienne va de pair avec la taille de votre chien, la quantité d'exercice quotidien, son âge, son tempérament et la température environnante. Le jeune chien et le chien qui travaille – ou qui est très actif – chaque jour ont besoin de plus de nourriture (calories) que le chien ordinaire, tandis que le chien âgé et sédentaire en requiert moins.

Les calories

L'énergie est mesurée en calories. Un chien en santé consomme chaque jour ni plus ni moins de calories qu'il n'en consume. Il demeure ainsi en forme et en santé, et son poids reste stable. Un chien sous-alimenté perd peu à peu du poids et son état se détériore, car son corps puise alors dans ses

réserves pour compenser les déficiences de son régime.

Le nombre de calories dont un chien a besoin dépend de sa taille, de son âge, de son activité et de son individualité. Ainsi, un petit chien adulte en santé, qui s'active modérément deux heures par jour, doit absorber de 125 à 700 calories par jour, selon sa taille. Un grand chien absorbera au moins 1 400 calories selon sa taille. Les chiens sont comme nous : ce sont des individus ayant leurs propres besoins. N'hésitez donc pas à adapter les rations en fonction des résultats.

Les chiots ont besoin de plus de calories proportionnellement à leur poids parce qu'ils grandissent vite, perdent plus de chaleur en raison de leur petitesse et dépensent plus d'énergie. Les chiennes qui allaitent doivent consommer de 50 à 60 % plus de calories que d'habitude, alors qu'un chien très actif aura droit à 40 % plus de calories qu'un chien modérément actif.

Les préparations commerciales pour chiens peuvent être (de haut en bas) humides, semi-humides ou sèches.

LES SORTES DE NOURRITURE : GUIDE-ÉCLAIR

SORTES	POUR	CONTRE
Humide (conserve)	• Très bon goût. • Contient tous les nutriments nécessaires. • Se conserve longtemps avant l'ouverture.	• Encombrante et lourde à transporter. • Favorise l'embonpoint si consommée avec excès. • Odeur prononcée. • Pas bonne pour les dents. • Viandes et ingrédients de sources inconnues. • Contient plusieurs additifs artificiels. • Chère. • Se gâte rapidement. • Mal digérée par certains chiens.
Semi-humide (sachet, plateau d'aluminium)	• Bon goût. • Contient tous les nutriments nécessaires. • Plus facile à ranger que des conserves.	• Favorise l'embonpoint si consommée avec excès. • Odeur prononcée. • Pas bonne pour les dents. • Viandes et ingrédients de sources inconnues. • Très chère. • Se gâte rapidement. • Contient des additifs artificiels de synthèse.
Sèche (sac)	• Économique. • Faible odeur. • Contient tous les nutriments nécessaires. • Action abrasive bonne pour les dents quand servie sèche. • Plus légère à transporter que les conserves. • Facile à servir.	• Encombrante. • A une date limite de consommation. • Moins bon goût que la nourriture humide ou semi-humide. • Mal digérée par les chiens intolérants au gluten en raison de sa hauteur teneur en céréales.
Compléments secs (sac)	• Économiques. • Faible odeur. • Bonne source d'énergie. • La plupart sont enrichis de vitamines et de minéraux. • Action abrasive bonne pour les dents quand servis secs.	• Longs à mélanger avec des protéines. • Ne résistent pas à un long entreposage. • Encombrants.
Repas maison (viande cuite ou crue, restes de table, céréales, produits laitiers, fruits, légumes)	• Économique. • Bon pour l'environnement en raison de l'utilisation des restes de table. • Les légumes crus, comme les carottes, nettoient les dents et fournissent des nutriments frais. • Mâcher de la viande crue nettoie les gencives et les dents. • Ingrédients choisis.	• Peut être incomplet. • Favorise l'embonpoint si on en donne trop. • La viande crue peut renfermer des parasites ou des bactéries nocives. • La viande crue se gâte vite. • Le choix et la préparation des ingrédients prennent du temps. • Forte odeur à la cuisson. • Encombrant à entreposer ou à réfrigérer.

Les sortes de nourriture

Les préparations commerciales de qualité sont là pour vous simplifier la vie. Elles sont équilibrées et complètes, y compris en matière de vitamines et de minéraux, deux nutriments dont les repas maison et les restes de table sont souvent pourvus insuffisamment. Les préparations commerciales se présentent sous trois formes.

Humide (en conserve ou en sac)

La nourriture en conserve contient beaucoup d'eau, est offerte en plusieurs saveurs et est la préférée des chiens.

Semi-humide (en sac)

La nourriture semi-humide renferme souvent des protéines végétales comme le soja. Comme elle contient moins d'eau que la nourriture humide, elle se conserve bien dans le bol, sans s'assécher ni se défaire.

Sèche et complète

Les nourritures sèches et complètes contiennent un minimum d'eau et tous les nutriments requis. Certaines doivent être humidifiées avant le service, alors que d'autres peuvent être servies telles quelles.

Votre chien devra boire beaucoup d'eau en plus.

Compléments secs

Il s'agit habituellement de céréales ou de biscuits qui s'ajoutent aux repas de viande en conserve, cuite ou crue. Ils ne peuvent combler, à eux seuls, les besoins alimentaires du chien.

Lisez l'emballage

L'emballage indique les rations recommandées par le fabricant. Mais n'oubliez pas que chaque chien est différent et a ses propres besoins. Diminuez ou augmentez la ration de votre chien en fonction de son état et de son degré d'activité.

L'alimentation et l'âge

Différentes formules alimentaires répondent aux différents âges. Ainsi, au fur et à mesure que le chien vieillit, il a besoin de moins de repas par jour (voir le tableau ci-dessous).

Les suppléments alimentaires

Sauf si le vétérinaire le recommande, votre chien n'a pas besoin de suppléments alimentaires – huiles, minéraux, vitamines – s'il

ALIMENTATION ET ÂGE

Chiots	Les chiots commencent à être sevrés, donc à prendre des aliments solides, à l'âge de 3 semaines. Normalement, ils sont sevrés à 5 ou 6 semaines. Ils doivent manger une nourriture pour chiots, car elle seule leur procure tous les nutriments dont ils ont besoin sous une forme qu'ils peuvent digérer et métaboliser facilement. Ainsi, il grandiront bien et deviendront des adultes sains et vigoureux.
Du sevrage à 20 semaines	Il leur faut trois repas par jour et un bol de lait le soir.
De 20 à 30 semaines	Trois repas par jour.
De 30 semaines à 9 mois	Deux repas par jour (selon la race et le rythme de croissance).
De 9 mois à 8 ans	Un ou deux repas par jour.
À partir de 8 ans (chiens âgés)	Un ou deux repas par jour selon l'état et la santé du chien.

mange des aliments du commerce. Un excès de nutriments risque de lui être nocif.

L'heure des repas

La plupart du temps, on nourrit le chien le matin ou le soir, ou matin et soir, selon son âge, ses besoins et ses préférences. Certains chiens se portent mieux avec deux ou trois repas, d'autres se contentent d'un seul (à moins que ce soit contre-indiqué dans leur cas – voir p. 24, Les habitudes alimentaires). Un chien qui a l'estomac plein ne devrait jamais travailler.

Il est préférable de varier l'heure des repas, sinon le chien sera désemparé s'il ne reçoit pas son repas à l'heure habituelle. De plus, le fait qu'il ne sache pas quand il sera nourri le garde en appétit, ce qui est utile pendant son entraînement et prévient les caprices alimentaires.

Les règles de base de l'alimentation

- Placez un napperon ou un journal sous les écuelles si votre chien a tendance à faire des dégâts.
- Modifiez tout régime graduellement pour prévenir les troubles digestifs.
- Ne lui donnez jamais d'aliments épicés ou alcoolisés.
- Retirez les os des viandes ou les arêtes des poissons afin de prévenir l'étouffement.
- Veillez à ce que votre chien ait toujours de l'eau propre et fraîche quel que ce soit le type de nourriture qu'il reçoit.
- Assurez-vous que les écuelles soient toujours propres.
- Notre chocolat étant toxique pour le chien, ne le laissez jamais en manger.
- Consultez votre vétérinaire si votre chien refuse de boire ou de manger.
- N'encouragez pas votre chien à mendier à la table et, pour l'amour de votre chien, de sa santé et de sa ligne, ne cédez pas à ses regards implorants.

L'HYGIÈNE ALIMENTAIRE

- Les aliments en conserve se gâtent vite, une fois ouverts. Veillez donc à les réfrigérer et à les utiliser dans un délai de 24 heures. Pour éviter la contamination par l'aluminium, transférez les restes dans des contenants de verre, d'acier inoxydable ou de plastique.
- Les détersifs et désinfectants ménagers peuvent polluer les bols et faire en sorte que votre chien n'en veuille plus par la suite. Nettoyez donc les écuelles avec une solution salée (1 c. à thé de sel dans un demi-litre d'eau) ou avec un nettoyant commercial spécial, puis rincez-les à fond à l'eau propre. Lavez-les chaque jour pour la bonne santé de votre chien.
- Lavez les écuelles du chien séparément de votre propre vaisselle.
- Refermez hermétiquement les sachets de nourriture semi-humide de façon qu'elle demeure fraîche et tendre jusqu'au prochain repas.

Pour établir la hiérarchie, nourrissez toujours votre chien quand vous et votre famille avez terminé votre repas et ne tolérez pas qu'il vienne mendier à table.

Un environnement sain

Votre chien a besoin d'évoluer dans un environnement sain et sécuritaire pour être bien dans sa tête et dans son corps. De votre côté, vous profiterez à fond de sa compagnie et vous épargnerez bien des soucis si vous faites tout votre possible pour qu'il soit heureux et en sécurité. Combler ses besoins est une façon de combler aussi les vôtres.

Les lieux

Chaque membre de la famille, y compris votre chien, peu importe sa taille et son type, doit avoir assez d'espace vital. N'oubliez pas : vous adoptez un chien, vous n'achetez pas un objet. Ne pensez même pas à un Danois, un Afghan, un Border Colley, un Berger allemand ou tout autre grand chien de travail ou chien de berger si vous habitez un appartement ou une petite maison mitoyenne, car ces types de chiens détestent être enfermés. Alors, ou bien vous possédez un jardin assez grand pour ses ébats, ou bien vous vous tapez une bonne heure de marche

deux fois par jour et dénichez un endroit où il pourra jouer en toute liberté.

Dans la même veine, si vous vivez à la campagne et aimez les longues promenades, le Pékinois n'est pas pour vous : il préfère rester à la maison pour y être adoré par son maître.

Si votre habitation ne répond pas aux besoins du chien, vous courez à la catastrophe. Par contre, si vous avez fait vos devoirs et choisi un chien qui convient à votre chez-soi, vous baignerez dans le bonheur.

Si vous aimez que votre maison soit impeccable, sachez que vous aurez du pain sur la planche pour la garder dépourvue d'odeur, de poils et de traces boueuses. Un grand chien baveux, au pelage dense, n'est sans doute pas fait pour vous.

Plusieurs personnes rêvent d'un chien de chasse, comme ce Springer Spaniel anglais, mais ils s'en mordront les doigts s'ils ne peuvent pas lui fournir assez d'activité physique et mentale.

SAIN ET SAUF

Tout comme vous, le chien a besoin de se sentir en sécurité chez lui pour rester calme et content. Le premier pas en ce sens consiste à satisfaire ses besoins primaires, tant physiques que mentaux. De plus, respectez son espace personnel. Il doit avoir un petit coin à lui où il peut se réfugier pour se reposer, s'isoler (des enfants, des autres chiens, de tout le monde), avoir la paix ou tout simplement regarder, de loin, le monde tourner. Nous aimons avoir du temps à nous – pour nous détendre, réfléchir, dormir en toute quiétude, recharger nos batteries –, le chien aussi. Quand nous sommes privés de notre temps et de notre espace, nous devenons irritables. Le chien aussi. Bref, ne réveillons pas le chien qui dort.

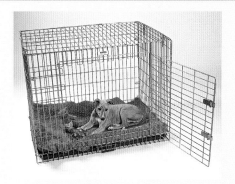

Votre chien a besoin pour son bien-être physique et mental d'avoir un «sanctuaire» où il peut se reposer en toute quiétude.

Le confort au foyer

Le chien de compagnie a des besoins incontournables : son espace vital, un endroit où il peut se retirer en paix, des jouets qui satisfont ses instincts, et assez d'eau et de nourriture (voir pp. 24-29).

Comme la plupart des gens qui ont des animaux de compagnie veulent les garder près d'eux pour jouir, justement, de leur compagnie, cela signifie que nombre de chiens vivent à l'intérieur. Pour bénéficier d'une relation heureuse et paisible avec votre chien, vous devez donc lui offrir un toit qui lui plaise et lui permette de vivre sa vie.

Votre tempérament

N'oubliez pas que votre chien va vivre en relation avec vous. En d'autres mots, il se ressentira de ce que vous ressentez. Si vous êtes stressé, il sera stressé. Le chien préfère le calme et la constance. Lui crier après ou le frapper le plongera dans la confusion et la peur, ce qui finira par créer des troubles du comportement.

Un bon maître est patient et ne se met pas en colère si le chien se comporte mal. En fait, un chien qui agit mal, selon nos critères, est un chien qui a été mal élevé ou qui est frustré dans ses besoins. Manque-t-il d'exercice, d'attention ? Identifiez le problème et vous l'aurez déjà à demi résolu.

ASSUREZ-VOUS

On n'économise pas toujours en ne s'assurant pas. Si votre chien a besoin de soins prolongés, les frais médicaux risquent d'être très élevés. Si vous êtes poursuivi parce que votre chien a blessé quelqu'un ou causé des dommages à une propriété, vous courez à la ruine. Demandez à votre vétérinaire s'il peut vous recommander une compagnie d'assurances, magasinez, négociez et lisez soigneusement la police.

Certains chiens ont horreur de la solitude et souffrent d'anxiété lorsqu'ils sont séparés de leur maître.

DES HEURES DE PLAISIR !

Un jouet Kong fourré occupera votre chien pendant votre absence ou lui changera les idées au besoin.

1 *Remplissez le Kong de fromage à la crème ou de beurre d'arachide. Insérez des gâteries dans la farce.*

2 *Nivelez la farce avec un couteau et donnez le Kong à votre chien.*

Votre mode de vie

Si vous travaillez toute la journée, trouvez-vous un chien qui ne déteste pas être seul de temps en temps (un adulte bien sûr, car un chiot ne supporte pas une minute de solitude). Sinon, arrangez-vous pour que quelqu'un vienne le voir et le sortir au moins une fois pendant votre absence.

Si vous adoptez un chiot, les premiers mois seront accaparants – vous passerez presque tout votre temps à l'entraîner à être propre et à obéir. Plus tard, vous consacrerez au moins deux heures par jour à le soigner et à lui faire faire de l'exercice. Êtes-vous capable d'accorder tout ce temps à un chien ? Si non, réévaluez votre désir d'en avoir un.

Le jeu

Si les récréations reviennent à heure fixe, votre chien s'habituera à cet horaire et ne passera pas son temps à essayer d'attirer votre attention. Achetez des jouets que votre chien aime, ce sera plus amusant tant pour vous que pour lui. Choisissez les jouets en fonction de l'intérêt que votre chien leur porte : les plus ordinaires seront les jouets de tous les jours, les plus excitants serviront au dressage. Au début, une balle qu'il pourra poursuivre et rapporter et un jouet farci (comme le « Puzzle feeder » ou un jouet Kong – voir l'encadré, plus haut, pour savoir comment procéder), suffiront à l'occuper. Le chien aime jouer à cache-cache : cachez des jouets ou des gâte-

Si vous avez plus d'un chien, ils seront plus heureux s'ils s'amusent non seulement ensemble mais aussi avec vous.

ries ici et là dans la maison ou dans une boîte remplie de papier journal, puis encouragez-le à les trouver.

Le marché vous propose un vaste éventail de jouets pour chiens. N'oubliez pas qu'un chien qui a des mâchoires fortes, comme le Bull Terrier et le Schnauzer, détruit ses jouets en un clin d'œil : il lui en faut donc de très solides. Enfin, n'achetez pas de bâtons friables car ils blessent la bouche.

L'interaction

Chaque chien a ses propres besoins en matière de contact social avec son maître et les autres chiens. Certains sont plus indépendants et distants qu'on le voudrait, d'autres réclament beaucoup d'attention.

Le chien qui aime la compagnie des humains manifeste son désarroi quand il en manque. Le chien qui n'a pas vraiment besoin d'une vie sociale supporte les attentions de son maître mais sans les apprécier. C'est très décevant pour un maître qui veut un compagnon chaleureux et démonstratif, d'où l'importance de bien choisir la race de son chien.

Le chien étant grégaire, il aime fréquenter, sur une base régulière, ses pairs avec lesquels il peut interagir en chien. Précisons toutefois que certaines races plus belliqueu-

ses ne se lient pas d'amitié avec les autres chiens (tant mâles que femelles), ni même avec les gens. Soyez-en conscient quand vous sortez avec votre chien. Par souci de sécurité, ces chiens devraient porter une

JOUER DUR

Jouer dur avec votre chien peut semer la confusion dans son esprit : il ne saura plus quand ce comportement est acceptable ou non. Par exemple, si vous vous allongez pour lutter avec lui, il essaiera vraisemblablement de dominer la situation, et vous risquez de perdre le contrôle. Si son instinct prend le dessus, il peut en arriver à blesser un membre de la famille, ce qui serait désastreux pour tout le monde.

Dans un tel cas, on blâme habituellement le chien, mais ce n'est pas sa faute ; c'est celle de la personne qui n'a pas su comprendre les différences de comportements entre les deux espèces. C'est pourquoi il faut enseigner aux enfants, plus impulsifs et inconscients des conséquences, comment on doit se comporter avec un animal de compagnie. De même, indiquez à vos visiteurs comment agir avec votre chien, surtout si vous jugez qu'ils se conduisent mal – et ce, tant pour leur sécurité que pour celle du chien. Si vous n'êtes pas rassuré, mettez le chien au jardin.

Veillez à ce que votre chien rencontre régulièrement d'autres chiens, car c'est important pour lui de frayer avec ses pareils.

muselière quand ils sont en public, comme la loi l'exige d'ailleurs dans certains pays.

Si votre chien ne s'entend tout simplement pas avec ses congénères, alors, encore une fois, soyez très prudent quand vous l'amener faire de l'exercice dans des endroits publics.

Un environnement agréable

Pour créer un environnement agréable, il vous suffit, premièrement, d'assurer la sécurité de votre chien à la maison, au jardin et au-delà ; et, deuxièmement, d'entretenir de bonnes relations avec vos voisins.

La sécurité à l'intérieur

Bien que votre maison vous semble sans risque pour votre chien, elle recèle peut-être quelques dangers.

- **Produits nettoyants et détersifs.** Assurez-vous que votre chien n'y a pas accès.
- **Poudres désodorisantes pour les tapis.** Elles peuvent causer des brûlures aux pattes et des problèmes cutanés et respiratoires.
- **Fils électriques.** Les chiots adorent les mâchouiller et jouer avec. Installez un mécanisme de sécurité.
- **Accessoires de couture et papeterie.** Rangez sous clé aiguilles, épingles, fils, boutons, élastiques, trombones, etc.
- **Médicaments.** Gardez-les sous clé.
- **Eau chaude.** Notamment dans la baignoire. Faites d'abord couler l'eau froide.
- **Bruit (télévision, radio, chaîne stéréo).** L'ouïe d'un chien est extrêmement sensible.

La sécurité à l'extérieur

Parmi les dangers qui guettent votre chien à l'extérieur, mentionnons la circulation automobile, le harcèlement (tant humain que canin), les substances toxiques ou les animaux venimeux, les maladies transmises par d'autres chiens.

• **Jardin et cour.** Assurez-vous que la clôture empêche bel et bien votre chien de sortir (tenez compte de la race, de la taille et du caractère). Inspectez-la souvent et réparez-la rapidement. Sachez que certains chiens franchissent aisément une clôture de 2 m (6 pi), notamment les mâles en mal d'amour.

• **Poisons.** Rangez sous clé, hors de portée de votre chien, les produits chimiques tels que les herbicides, ainsi que les briquettes, pastilles et autres granules. Nettoyez à fond tout résidu d'huile à moteur ou d'antigel : si le chien en consomme, soit parce qu'il trouve l'antigel délicieux ou qu'il lèche son poil souillé par l'huile, il risque l'empoisonnement. La plupart des chiens évitent instinctivement les plantes d'intérieur ou d'extérieur toxiques (comme le cytise et le poinsettia), mais les chiots, curieux, les croquent parfois. Dans la mesure du possible, éliminez ces plantes de votre environnement – votre vétérinaire vous en remettra la liste.

• **Crapauds.** Les chiens ont tendance à agacer et à mordre les grenouilles et les crapauds, jusqu'à ce qu'ils aient eu leur leçon. En effet, en cas de danger, les crapauds produisent une substance infecte et parfois toxique. Le chien tente alors de s'en défaire en secouant frénétiquement la tête, en salivant abondamment et en portant la patte à sa bouche. Si vous pensez que votre chien a été empoisonné par un crapaud, consultez immédiatement le vétérinaire.

• **Morsures de serpent.** Consultez immédiatement le vétérinaire si vous pensez que votre chien a été mordu par un serpent.

Pour la sécurité de votre chien, gardez les poubelles hors de sa portée.

L'arrivée à la maison

C'est tout un événement que l'arrivée de votre nouveau chien à la maison ! Si vous voulez que ça se passe bien, dans le calme et la joie, préparez-vous-y. Établissez à l'avance et en famille la routine et les règles régissant les soins à donner. Fixez également à l'avance la date du grand jour, ce qui vous permettra de vous procurer le matériel de base au préalable.

L'adaptation

Si vous adoptez un chiot, prenez une semaine ou deux de vacances, car il faudra le nourrir et l'envoyer dehors faire ses besoins plus souvent qu'un adulte. Allongez graduellement l'intervalle entre chaque sortie (fixez l'heure des repas en conséquence, car les chiots font habituellement leurs besoins après avoir mangé). Habituez-le doucement à se passer de plus en plus longtemps de votre attention et de votre présence en l'isolant dans un endroit où il ne pourra pas faire de dommages et où il sera en sécurité. Lorsque vous retournerez au travail, trouvez quelqu'un qui viendra le voir au moins une fois par jour et ce, jusqu'à ce qu'il soit assez grand pour supporter votre absence.

Si votre nouveau chien est adulte, allez le chercher au milieu du week-end de façon que vous ne passiez qu'une journée ensemble avant le retour à la routine. Si vous prenez une semaine de congé, il s'habituera à votre présence constante et trouvera ensuite difficile de s'adapter à votre train-train quotidien.

Les préparatifs

Quelques jours avant l'arrivée du chiot à la maison, allez porter sa future couche chez l'éleveur afin qu'elle s'imprègne de son odeur, de celle de sa mère, de ses frères et sœurs. Le chiot se sentira ainsi davantage chez lui dans son futur foyer.

Procurez-vous le matériel de base (voir pp. 20-23), notamment une grande cage ou une solide petite cage de voyage. Demandez à l'éleveur ou au propriétaire ce que mange le chiot, en quelle quantité et à quelle fréquence, et faites comme lui. Quand vous irez chercher le chiot,

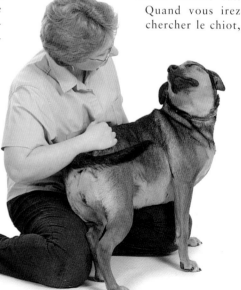

Laissez le chien nouvellement arrivé venir à vous quand il est prêt – si vous l'y obligez, cela risque de l'effrayer.

Placez le lit de votre nouveau chien dans un endroit où il pourra se reposer en paix sans toutefois se sentir exclu de la maisonnée.

mettez la couche dans la cage, faites-y entrer le chiot et fermez soigneusement la porte. Assurez-vous d'avoir tous les papiers du propriétaire précédent (reçu, pedigree, enregistrement, attestation de transfert, certificat de vaccination) avant de partir.

Pour un chien adulte, vous aurez besoin d'une grande cage, d'un harnais de voyage (s'il y est habitué) ou d'un grillage afin qu'il voyage en toute sécurité et arrive à bon port.

Le trajet jusqu'à la maison

Stabilisez la cage de voyage avec une ceinture de sécurité, ou placez-la à l'arrière de votre familiale ou sur le plancher, coincée entre deux sièges. Que vous utilisiez une cage ou un harnais de voyage, placez le chien à l'arrière du véhicule, jamais dans la boîte fermée d'un camion ou le coffre d'une voiture. Veillez à ce que la température à l'intérieur du véhicule soit confortable (pas trop chaude, ce qui pourrait lui être fatal) et à ce que l'air circule aisément. Si vous devez parcourir une bonne distance, faites boire régulièrement votre chien. Ne le libérez pas de sa cage ou de son harnais même s'il proteste ; rassurez-le en lui parlant ou couvrez la cage d'une couverture, ce qui aura pour effet de le calmer.

L'arrivée à la maison

D'abord, emmenez le chien au jardin. Détachez sa laisse et laissez-le courir et explorer, puis conduisez-le à l'intérieur. Veillez à ce que les personnes présentes ne s'agitent pas trop autour de lui et que les enfants restent calmes et doux – empêchez-les de trop le manipuler tant qu'il ne sera pas habitué à eux.

Ensuite, allez jouer au jardin ou faites une promenade avec lui pour amorcer le processus d'attachement. Après cela, encouragez-le à se reposer un peu dans son lit et laissez-le tranquille. Le fait de savoir où est son lit et qu'il pourra y dormir en paix l'aidera à s'installer. Vous trouverez, aux pages 50 et 51, des conseils sur la façon de socialiser votre nouveau chien avec d'autres animaux.

L'installation

Un chiot s'installera vite et s'adaptera bien à votre routine. Le chien adulte se sentira mal à l'aise plus longtemps. Accordez-lui donc tout le temps et tout l'espace dont il a besoin pour se faire à sa nouvelle vie. Mais, tout en étant empathique, ne le laissez pas en profiter pour prendre de mauvaises habitudes.

Gardez votre chien en laisse quand vous vous promenez avec lui tant et aussi longtemps que vous n'êtes pas assuré qu'il reviendra dès que vous l'appellerez. Essayez ce truc : glissez dans votre poche des gâteries qui sentent et goûtent très bon. Laissez votre chien les renifler et voir où elles sont, et donnez-lui-en une fois de temps en temps, surtout quand vous sentez que son attention se relâche.

LE COMPORTEMENT DES CHIENS

Nombre de chiens sont mal traités uniquement parce que leur maître ne comprend pas ce qu'ils disent. Le chien parle un langage qui lui est propre, mais si vous l'observez attentivement, vous finirez par décoder ce qu'expriment son corps et ses réactions, et par saisir ce qu'il ressent, attend de vous et ce dont il a besoin. Plus vous connaîtrez son langage, mieux vous le comprendrez et lui ferez une belle vie.

Le langage corporel

Le chien se sert d'une panoplie de mimiques, de vocalises et de postures pour communiquer. Plusieurs maîtres parlent à leur chien et, parfois, les deux semblent en effet se comprendre. Le chien possède un langage universel qu'on peut interpréter de différentes façons.

Malheureux ou malade

Cette posture est celle d'un chien déprimé et malheureux. Il est stressé (menace d'un autre chien, maisonnée perturbatrice, maltraitance physique ou mentale) ou il est malade.

Calme, content et curieux

Ce chien est calme, content et curieux, comme le montrent ses oreilles dressées et son expression gentille et intéressée. Le travail de cette race, le Berger allemand, consiste à conduire les troupeaux. Il lui est naturel de garder, d'être vigilant. Le voilà à son mieux : alerte, généreux, intelligent.

Agressif à cause de la peur

Voici le visage de la peur et d'une agressivité défensive. Les oreilles sont couchées, la bouche bée d'inquiétude. Le chien montre un peu les dents, sa tête est levée, prête à mordre, ses yeux fixent l'adversaire ; bref, il se prépare à passer à l'action, au besoin. Cette attitude est ponctuée d'une suite d'aboiements brusques qui ont pour but de chasser l'ennemi.

Apeuré

Un chien apeuré s'éloigne de ce qui l'inquiète : la queue et les oreilles sont bien à l'abri d'une éventuelle attaque, les yeux fixent l'objet de son inquiétude au cas où il devrait s'enfuir rapidement, et on voit le blanc de ses yeux car il les ouvre bien grands pour recueillir toute l'information. Le cœur accélère et le corps se prépare à décamper.

Mal à l'aise

La posture du chien indique qu'il est effrayé et mal à l'aise, sans endroit où se cacher, se réfugier. Il attend misérablement qu'une solution se présente, ses oreilles sont dégagées pour lui permettre d'entendre le plus petit bruit lui signifiant la suite des événements.

Enjoué

C'est la position de l'invitation au jeu. Le chien l'adopte tant avec les humains qu'avec les autres animaux. Il gardera la pose quelques secondes, battant fortement de la queue, puis il bondira et se sauvera en vérifiant par-dessus son épaule si son invitation a été acceptée. Plusieurs chiens agissent ainsi pour saluer et montrer qu'une connaissance approche.

Agressif

C'est un étalage délibéré de force. L'adversaire a encore une chance de s'éloigner, mais sa retraite devra être lente et sans équivoque s'il veut éviter une attaque. Cette expression a pour but de montrer l'impressionnant arsenal du chien – ses dents. Les babines sont retroussées au maximum.

Japper et hurler

Le chien jappe pour parler, sonner l'alarme, avertir le reste de la meute (humaine ou animale) d'une intrusion, mettre en garde des adversaires potentiels ou exprimer une grande excitation, comme quand il joue. Hurler, pour lui, est une bonne façon de communiquer à distance. En effet, si le chien est séparé de sa meute (humaine ou animale), il hurle puis attend la réponse qui lui indiquera la direction à emprunter.

Bâiller et se lécher les babines

C'est souvent le premier signe d'un malaise. Le chien peut être en conflit avec lui-même, en train de décider s'il va bouger ou non ; ou bien il exprime peut-être son mécontentement. On pense à tort qu'il est juste fatigué et on ne remarque pas ce signal important.

À l'écoute

Le chien qui écoute incline la tête de façon à tourner l'oreille vers la source du bruit et à mieux entendre.

Circonspect

Quelle mauvaise façon de saluer un chien inconnu ! Les chiens, notamment ceux qui ont été maltraités dans le passé, se sentent menacés et tentent de se faire le plus petits possible. Ils couchent les oreilles (pour les protéger en cas d'attaque), ouvrent grands les yeux (pour mieux voir l'ennemi), se fourrent la queue entre les jambes (pour la mettre hors d'atteinte). Le chien perçoit comme une attaque ces mains qui pointent vers lui et ce regard qui plonge dans le sien.

Sourire de soumission

On interprète souvent mal cette expression. On pense à tort que le chien est agressif. En fait, il s'agit d'un sourire de soumission que le chien arbore quand il accueille des gens qu'il connaît ou lorsqu'il se fait gronder. Ces sourires nous sont destinés plus qu'aux autres chiens et la propension d'un chien à sourire est un trait de caractère familial.

COMPORTEMENT OBSESSIF

Un chien qui fait montre d'un comportement obsessif, aussi nommé « stéréotypie », agit ainsi parce que l'habitude s'est enracinée. Cela lui donne quelque chose à faire et lui apporte une forme de réconfort. Par exemple, le chien qui court après sa queue oublie tout ce qui l'entoure pendant qu'il tourne ainsi. Parfois, il finit par l'attraper et la faire saigner, mais pour lui, l'important, c'est la chasse. Même si on lui ampute la queue, il continuera à courir après le moignon. On doit donc lui fournir un environnement plus stimulant et remplir sa vie avec plus d'activités. Le chien adopte ce type de comportement quand, entre autres, il :

• se retrouve souvent dans une situation effrayante (lorsqu'il est maltraité, par exemple) ;

• est frustré ;

• attend (son repas ou sa période d'exercice, par exemple) ;

• vit dans un environnement qui ne lui convient pas ;

• ne comprend ce qu'on attend de lui ;

• manque de contact avec des humains ou d'autres chiens.

Soumis

Le chien qui se met sur le dos expose ainsi son ventre et se rend très vulnérable. Ce faisant, il indique qu'il accepte la supériorité de son vis-à-vis. C'est aussi une bonne stratégie qui lui permettra, espère-t-il, de se sortir d'une situation qui lui vaudrait une punition.

Un loup à la maison

Les loups, ancêtres du chien, sont des animaux grégaires. Se fondant sur cette caractéristique, les humains ont entrepris de les domestiquer de façon sélective. Plusieurs générations plus tard, le chien est devenu une créature plutôt sociable et loyale. Toutefois, n'oublions jamais qu'il est issu d'une espèce qui vivait en meute et dont les membres avaient à se battre, à chasser et à tuer pour survivre, et que ces instincts perdurent sous le vernis de la domesticité.

D'où vient le chien ?

Le chien existait bien avant l'homme. L'étude des fossiles nous a permis de remonter jusqu'à ses origines, il y a 40 millions d'années. Son ancêtre d'alors, un petit carnivore nommé Miacis, créature minuscule, semblable à une belette, a évolué peu à peu jusqu'à devenir le précurseur des canidés modernes, appelés Cynodesmus et Tomarctus. L'évolution s'est poursuivie sur une période de 10 000 à 12 000 ans durant laquelle les loups – comme les renards, les chacals et les coyotes – ont fini par adopter leur forme actuelle. Le chien, que l'on connaît aujourd'hui, provient de quatre types de loups (*Canis lupus*) : le loup gris nordique, le loup asiatique à pattes pâles, le petit loup du désert d'Arabie, et le loup laineux du Tibet et du nord des Indes.

Le chien moderne

La domestication est apparue à l'époque où l'homme a fait son entrée en scène tel que nous le connaissons. Toutefois, les ancêtres de l'homme moderne ont cohabité avec des animaux semblables aux chiens durant des millénaires. Diverses découvertes archéologiques montrent que la domestication a probablement commencé il y a 10 000 ou 12 000 ans, ici et là sur la planète et non en un seul endroit.

Les premiers chiens domestiques

Plusieurs théories tentent d'expliquer pourquoi et comment l'homme a domestiqué le chien. En voici quelques-unes.

La chasse

Selon une première théorie, le chien aidait, indirectement, l'homme à chasser : celui-ci faisait peur aux loups pour qu'ils abandonnent leurs proies et qu'il puisse ainsi s'en emparer. Il se pourrait que l'homme ait, par la suite, adopté et apprivoisé des louveteaux pour mieux profiter de leur talent de chasseur.

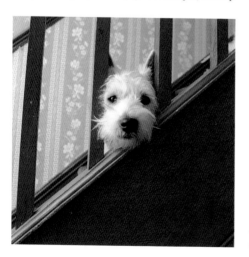

Prenez garde ! Même le plus petit et adorable des chiens abrite les instincts de son ancêtre, le loup.

La nourriture

Selon une deuxième théorie, plutôt invraisemblable, les hommes chassaient les loups pour s'en nourrir et, en période faste, ils auraient offert des louveteaux orphelins à leurs enfants qui les auraient alors apprivoisés.

La compagnie

Selon une troisième théorie, les loups étaient, à l'origine, des animaux de compagnie plutôt que des proies ou des animaux utilisés pour le travail. Il se pourrait que les enfants aient élevé des louveteaux pour d'abord en faire des animaux de compagnie et, ensuite, les dresser au travail.

La surveillance

Selon une quatrième théorie, les premiers chiens domestiqués étaient utilisés comme gardiens plutôt que chasseurs, car leur ouïe et leur odorat superfins leur permettaient de prévoir le danger mieux que l'homme. De là, ils seraient devenus des chiens de troupeaux.

Des bénéfices mutuels

Selon une cinquième théorie, l'homme n'aurait pas domestiqué le chien activement, mais leur relation se serait plutôt développée pour leur bénéfice mutuel. Les chiens erraient autour des campements pour fouiller dans les restes de nourriture laissée par les hommes et chasser les rats attirés par les réserves de céréales. L'homme en serait ainsi arrivé à se lier à des chiens moins sauvages, les pensant utiles contre la vermine.

Vivre avec l'homme

Les œuvres picturales découvertes dans les grottes des Pyrénées et datant du paléolithique (il y a quelque 10 000 ou 12 000 ans) montrent des archers et des chiens chassant de concert. Ces derniers, à l'ossature légère, aux pattes longues, aux oreilles dressées et au museau pointu, ressemblaient aux loups qui habitaient le sud de l'Europe, mais avec des différences

Les chiens de berger sont très appréciés pour leurs habiletés applicables tant à des fins pratiques qu'à des fins de compétition.

prouvant que l'homme avait commencé à les sélectionner en fonction de leur utilité.

Il y a environ 5 000 ans, l'homme a commencé à s'établir et à cultiver la terre. Il a alors dressé le chien afin qu'il exécute d'autres tâches que la chasse, telles la garde des troupeaux ou celle des humains. Plus l'homme devenait prospère, plus il pouvait se permettre de garder un chien comme simple compagnon. Puis les hommes ont appris à produire des chiens de toutes sortes de formes et de tailles qui pouvaient accomplir une grande variété de tâches – des immenses chiens guerriers de l'empire babylonien, semblables à des mastiffs, aux chiens de chasse rapides des Assyriens.

Plus récemment, les chiens ont été utilisés pour suivre des équipages, chasser, combattre pour le plaisir de parieurs, se faire bichonner et tirer des charges lourdes comme des traîneaux.

Au cours du XXe siècle, le rôle du chien s'est transformé graduellement. Il consiste maintenant et plus souvent qu'autrement à être soit un compagnon, soit un chien guide, soit un chien policier. Néanmoins, il continue, encore et toujours, d'améliorer notre qualité de vie.

Le comportement normal

Le chien se comporte parfois d'une façon agaçante, étrange, voire dégoûtante à nos yeux (quand il mange des excréments, par exemple), mais, pour lui, ces comportements sont tout à fait corrects et justifiés. Au lieu de le gronder, ce qui le plongera dans la confusion, apprenez plutôt à comprendre et à accepter les raisons pour lesquelles il agit ainsi.

La communication vocale

Comparé à nous, le chien communique moins par la voix que par le corps. Les sons qu'il émet servent en fait à appuyer son langage corporel. S'il gronde et hurle plutôt rarement, il jappe souvent par contre et ce, de différentes façons pour transmettre différents messages. Il jappe, entre autres, pour avertir, attirer l'attention ou relâcher la vapeur quand il est excité ou frustré.

La possessivité

Instinctivement, le chien ne se laisse pas voler sa nourriture, car il a peur de se retrou-

Les petits chiens gâtés trouvent normal de japper pour attirer l'attention d'un maître qui les ignore.

ver affamé. Il transpose parfois ce principe à ses jouets et ses autres possessions, car, pour lui, les donner est un signe de faiblesse. Quand quelqu'un s'approche de sa nourriture ou de son jouet, il gronde et essaie de mordre afin de proclamer son droit de propriété. Cela se comprend, mais cette attitude ne convient pas dans un environnement humain. Il faut habituer très vite les jeunes chiots à « donner » pour prévenir de futurs problèmes d'agressivité. Bien sûr, on peut, à l'occasion, laisser un chien qui n'est ni agressif ni possessif remporter le jouet au cours d'un jeu, histoire de maintenir sa motivation à jouer, mais ce ne devrait pas être la règle.

La hiérarchie

Un chiot essaie souvent, instinctivement, de devenir le chef de meute de la maisonnée. Cette attitude s'explique, car le chef a la meilleure nourriture, le meilleur lit, le droit de se reproduire et de transmettre ses gènes. Les chiens sauvages appartiennent à une société fortement hiérarchisée. Un bon chef veille sur la meute en s'assurant que ses membres soient bien nourris et satisfaits. Il est inflexible et dur, au besoin, pour asseoir son autorité. De plus, il est assez fort pour imposer le respect à ses congénères sans avoir à les harceler ou à les effrayer.

Cela dit, chez vous, c'est vous qui êtes le chef et votre chien est d'un statut inférieur.

S'il y a permutation des rôles, vous perdrez la maîtrise de votre chien. Il vous sera toutefois possible de reconquérir votre place : la hiérarchie d'une meute n'est pas permanente et peut changer selon les circonstances. (Voir pp. 58-59, Comment vous y prendre avec votre chien.)

L'instinct de chasse

Le chien n'est certes plus un loup, c'est un animal domestique policé. N'empêche qu'il a conservé son instinct de chasse. Quand il chasse, il renifle, piste, surveille, traque, poursuit, attrape, mord, secoue, tue, consomme. Notre gentil toutou affiche tous ces comportements.

Différentes races de chiens ont été élevées afin de développer certaines aptitudes reliées à la chasse. Par exemple, les chiens courants ont développé une aptitude pour traquer et pister ; les chiens de berger, pour poursuivre ; les terriers, pour attraper et tuer. Cela dit, si on ne canalise pas correctement cet instinct de chasse dans le travail ou le jeu, le chien peut prendre de mauvaises habitudes et se mettre à chasser, à tort et à travers, des autos, des cyclistes, des joggers ou d'autres animaux.

La collecte d'informations

Le chien en apprend beaucoup en s'arrêtant et en sentant l'urine et les crottes laissées par ses congénères. Même si cette façon de faire nous semble repoussante, elle constitue pour le chien un moyen d'apprendre qui était là récemment. Il se sert alors de son nez comme nous nous servons de nos yeux pour savoir ce qui se passe dans notre entourage. Les odeurs perdurent un certain temps, et pour un chien, sentir revient à visionner, un peu à la manière d'une vidéo, toutes les choses qui ont pu se produire à cet endroit récemment.

Quand le chien urine ou défèque à côté des besoins d'un autre chien ou à côté, c'est un peu comme s'il laissait sa carte de visite.

POURQUOI AGITE-T-IL LA QUEUE ?

Un chien qui agite la queue n'est pas toujours amical ou heureux. Si la queue est élevée et raide, le chien est tendu et peut-être agressif. Si la queue est basse, voire entre ses pattes, le chien est soumis et peureux. Si la queue est à mi-hauteur et bat énergiquement, c'est bon signe en général, car le chien n'est alors ni tendu ni déprimé. On doit aussi tenir compte de l'ensemble de son langage corporel. Si les poils de sa nuque sont dressés, si ses jambes sont raides et ses yeux fixes, alors le chien est sur ses gardes et prêt à attaquer au besoin. Mais si le corps est détendu, la gueule souriante et l'oreille pendante, le chien ne cherche pas la bagarre, il désire jouer ou être cajolé.

Le chien à gauche se met en garde pour montrer qu'il est prêt à attaquer ; il dresse les poils de sa nuque, montre les dents et raidit son corps.

L'agressivité

Le chien attaque intentionnellement uniquement si c'est essentiel à son bien-être : en effet, la règle veut qu'on ne blesse un membre de la meute qu'en dernier ressort afin de ne pas priver la bande d'un chasseur et d'un gardien.

Un chien qui dort les yeux fermés et dont le corps est totalement détendu est un chien qui se sent en sécurité dans son environnement.

L'interaction

Le chien qui est inoffensif pour les humains ou les autres chiens les ignore complètement, comme s'ils n'étaient pas là, ou bien il les accueille de façon décontractée : sa queue s'agite joyeusement d'un flanc à l'autre, son visage resplendit de joie, il sourit légèrement (voir p. 40). Le chien lèche le visiteur pour le rassurer et lui signaler qu'il n'est pas une menace et qu'il espère, par conséquent, ne pas se faire attaquer.

Le sommeil

Le chien dort beaucoup, plus encore en vieillissant, mais pas nécessairement toute la nuit comme nous. Laissez donc à votre chiot un objet avec lequel il pourra jouer durant la nuit, sinon il viendra vous réveiller. Plusieurs chiens préfèrent dormir à couvert, sous la table ou le lit, ou derrière le divan. Cela rappelle peut-être l'époque où les chiots étaient élevés dans des tanières et couraient se mettre à l'abri, sous terre, en cas de danger.

Le jeu

Le chien est très grégaire et adore jouer à des jeux idiots avec d'autres chiens. Cela dit, deux chiens vont bien s'entendre si leurs personnalités sont compatibles et si les présentations ont été bien faites.

Certains chiens sont timides et méfiants, d'autres sont extravertis et sociables. Certains sont d'habiles communicateurs, d'autres se mettent dans le pétrin parce qu'ils se font mal comprendre. Un chiot qui sera souvent exposé à d'autres chiens dès sa prime enfance apprendra à maîtriser ce langage corporel déterminant.

L'hygiène personnelle

Nous n'aimons guère voir notre chien se lécher le derrière. Cela fait pourtant partie de sa toilette. La plupart des chiens s'entre-

Le chien qui lèche le visage de quelqu'un imite le comportement du chiot sauvage qui léchait la gueule des chiens adultes quand ils revenaient au gîte, afin de leur faire régurgiter la nourriture qu'ils transportaient dans leur estomac.

tiennent très bien sans notre aide, sauf ceux qui souffrent de problèmes gastriques entraînant des diarrhées (surtout s'ils ont le poil long), les chiens obèses qui ne peuvent atteindre certaines parties de leur corps et les chiens âgés qui manquent de souplesse. Il est très important de laver les régions génitales et anales de ces chiens, particulièrement par temps chaud quand les mouches abondent.

Le pillage des poubelles

La plupart des chiens de compagnie reçoivent un bon repas chaque jour. Nous pensons donc qu'ils n'ont aucune raison de chasser ni de piller nos poubelles et, s'ils le font, nous les punissons. Mais le besoin, et le désir, d'avoir assez de nourriture est inscrit dans leurs gènes. Vous pouvez dresser votre chien à ne pas fouiller dans les ordures, mais s'il ne veut rien entendre, mettez tout simplement la poubelle hors de sa portée.

Comprendre son chien

1 Apprenez à décrypter son langage corporel et ainsi à juger son état d'esprit. Rappelez-vous, par exemple, qu'un chien qui remue la queue n'est pas nécessairement amical.

2 Si son corps est tendu, cela signifie qu'il a peur, vit de l'incertitude ou se prépare à attaquer. Si son corps est détendu et ses mouvements fluides, il est heureux.

3 Comprenez que son comportement est dicté par ses instincts et apprenez à composer avec eux.

4 Trouvez les caractéristiques génétiques de chaque race et choisissez votre chien en fonction des connaissances acquises.

5 Ne vous fâchez pas contre votre chien. Empêchez-le plutôt de faire des choses qui pourraient s'avérer dangereuses pour lui, en le distrayant par un jeu ou un jouet.

La socialisation

On doit socialiser les chiots dès leur plus jeune âge si on veut qu'ils acceptent sans problèmes les humains, l'environnement domestique dans lequel ils évoluent, les autres chiens et les autres animaux.

Le contact social

Les chiens sont des animaux grégaires. Les races canines apprécient plus ou moins la compagnie des humains et des autres animaux, mais toutes aiment vivre en meute, humaine ou animale. Privés de contacts sociaux, les chiens peuvent devenir délinquants ou déprimés. Non socialisés, ils sont difficiles à vivre, à diriger et à maîtriser. Il est donc plus sécuritaire, et plus agréable, de les socialiser adéquatement.

Montrez aux enfants comment donner des gâteries au chien, soit en les lui tendant, soit en les mettant dans son bol à l'heure du repas.

Le contact humain

On doit enseigner aux chiens à bien se conduire avec tous les humains, y compris :
• les personnes en fauteuil roulant, en béquilles, avec une canne ou âgées ;
• les bébés, les tout-petits, les personnes timides et celles qui sont mal à l'aise avec les chiens ;
• les adultes et les enfants énergiques et bruyants ;
• les gens qui courent, font de la bicyclette, de la planche ou du patin à roulettes, et ceux qui poussent un landau ;
• les personnes barbues, bizarrement coiffées, avec des lunettes, des chapeaux, des uniformes ou des parapluies.

Les livreurs

Plusieurs chiens n'aiment pas les livreurs ; ils les perçoivent comme des intrus (c'est une forme d'agression due à la peur).

Les livreurs débarquent sur leur territoire et, du point de vue des chiens, décampent dès qu'on leur jappe après, ce qui prouve que leur stratégie est bonne.

Pour prévenir les agressions envers les livreurs, veillez à les présenter à votre chien. Incitez-les à lui donner une gâterie ou à lui lancer un jouet, ainsi le chien les jugera amicaux et les accueillera avec plaisir.

Les différents environnements

Des choses qui nous semblent normales, tant à l'intérieur qu'à l'extérieur, peuvent décontenancer, voire effrayer le chien, surtout quand le premier contact s'est mal passé. On parle ici d'un aspirateur, de planchers glissants, d'escalier, de trafic automobile, de sèche-cheveux, de télévision, de lave-linge.

Familiarisez graduellement mais fréquemment votre chien à ces objets, à coup de jeux et de gâteries, pour que l'expérience soit plaisante. Si votre chien a grandi dans une maisonnée active, il sera probablement habitué à tout ça, mais un chien adulte qui n'y connaît rien devra y être exposé avec délicatesse et petit à petit.

Comment socialiser votre chien

Allez-y à son rythme. Si vous le pressez, cela peut le rendre nerveux et timide, voire agressif, ou empirer des problèmes existants au lieu de les corriger. Chaque nouvelle expérience devrait être brève et plaisante pour que le chien en garde un souvenir agréable. Voici quelques exemples.

Le vétérinaire

Allez-y la première fois juste pour un petit examen tout gentil et une petite gâterie afin que votre chien n'associe pas le vétérinaire à une expérience traumatisante.

L'automobile

Au début, laissez les portes ouvertes (stationnez-vous dans un endroit sécuritaire) et contentez-vous de nourrir votre chien dans la voiture, ou de jouer avec lui. Il trouvera l'endroit agréable. Puis faites de courtes balades suivies d'une promenade.

Le chenil

D'abord, amenez-y votre chien juste pour rencontrer le personnel et jouer un peu. La fois suivante, laissez-le là une petite heure, avec ses jouets et sa doudou, pour lui montrer que vous reviendrez le chercher. Ensuite, passez à une journée, puis à un dodo.

Le toilettage

Habituez votre chien à se faire toiletter non seulement par vous, mais aussi par les autres membres de la famille et par des amis. Ainsi, quand il se rendra au salon de toilettage, il sera moins traumatisé. Amenez-le au salon une première fois juste pour qu'il rencontre le personnel et se familiarise avec les lieux. Certains salons acceptent que vous restiez sur les lieux pendant le toilettage, mais certains chiens se montreront plus braves si leur maître n'y est pas.

Les séances d'introduction ont pour but de mettre le chien en contact avec d'autres humains et d'autres chiens et de lui enseigner à bien se comporter avec eux.

La socialisation

Utilisez ce tableau pour mesurer les progrès de votre chien sur le plan de la socialisation. N'hésitez pas à le personnaliser, au besoin, en fonction de son âge et à y ajouter des éléments : cours d'agilité, bennes à ordures, trains, bus, véhicules lourds, marchands de crème glacée, tracteurs, cavaliers. Cochez la case appropriée chaque fois que votre chien est exposé à l'élément en question et consignez dans un journal sa réaction, les améliorations souhaitables, les progrès accomplis. Veillez à ne pas trop accabler votre chien. Respectez son rythme. Attendez-vous à ce qu'il ait plus de difficulté à s'acclimater à certaines choses qu'à d'autres – le temps et la patience sont vos meilleurs alliés.

Ces expériences doivent être positives pour votre chien, sinon il sera traumatisé, au point parfois de refuser de revoir son jugement. Faites de ces occasions des moments agréables. Usez et abusez de gâteries et de jeux pour le convaincre que tout va bien et qu'il n'y a aucun danger qui le menace.

PROGRAMME DE SOCIALISATION

ÂGE	6 à 7 semaines	7 à 8 semaines
Adultes		
Jeunes adultes		
Adultes d'âge moyen		
Personnes âgées		
Handicapés		
Personnes bruyantes		
Personnes timides		
Livreurs		
Joggers		
Personnes en uniforme		
Personnes avec un chapeau		
Personnes avec une barbe		
Personnes avec des lunettes		
Personnes avec un casque		
Enfants		
Bébés		
Tout-petits		
Jeunes filles ou garçons		
Adolescents		
Autres animaux		
Chiens adultes		
Chiots		
Chats		
Petits animaux		
Bétail		
Chevaux		
Environnements		
Maison d'un ami		
Centre commercial		
Parc		
Alentours d'une école		
Alentours d'une aire de jeux		
Campagne		
Autres		
Bicyclettes		
Motocyclettes		
Circulation automobile		

8 à 9 semaines	9 à10 semaines	10 à 11 semaines	11 à 12 semaines	3 à 6 mois	6 à 10 mois

Adopter un second chien

Vous avez envie d'adopter un second chien qui tiendra compagnie au premier quand vous serez absent ? De prime abord, l'idée semble bonne. Mais la réalité peut s'avérer tout autre. Avant de plonger dans cette aventure, posez-vous quelques questions.

La compatibilité

Bien que la plupart des chiens soient sociables, il n'est pas aussi facile qu'on pense de présenter un nouvel arrivant au chien en résidence. Étudiez bien le tempérament de votre chien avant d'en adopter un second. Certaines races sont solitaires, tenez-en compte – consultez les pages 12 à 19 pour obtenir plus de renseignements sur les races.

Les présentations

Les chiens ne respectent pas le même protocole que nous. Au lieu de se serrer la main et de sourire quand on les présente l'un à l'autre, ils peuvent aussi bien se sauter à la gorge. Ce ne serait pas partir du bon pied. Agissez donc avec la plus grande diplomatie afin qu'une pareille situation ne se produise pas.

L'attachement

Il arrive que les chiens deviennent si attachés l'un à l'autre qu'ils en oublient leur maître. Cela ne doit pas se produire. Si vos chiens sont souvent et longtemps seuls ensemble, séparez-les à l'aide d'un treillis ou d'une clôture. Ils pourront se tenir

Deux chiens qui s'entendent bien jouissent d'une belle amitié – et vous, de deux fois plus de plaisir.

En général, le premier contact avec le nouveau chien se passe bien, le nouveau venu se comportant et étant traité comme un visiteur.

compagnie mais ne joueront ensemble que sous votre direction. Pour qu'ils ne se sentent pas trop abandonnés durant la journée, laissez-leur quelques jouets ou demandez à quelqu'un de venir les voir, les promener ou les faire sortir. Prenez le temps de promener chaque chien individuellement, ce qui vous permettra d'accorder à chacun votre totale attention. Le nouveau chien gagnera en assurance et en indépendance, et n'aura plus autant besoin de s'appuyer sur l'autre chien.

L'ARRIVÉE DU NOUVEL ANIMAL

À FAIRE	À NE PAS FAIRE
• Suivez les étapes touchant la socialisation (pp. 50-53) et l'arrivée du chien à la maison (pp. 36-37). • Attendez-vous à ce que l'intégration prenne du temps. • Laissez les chiens faire connaissance en paix et à leur propre rythme. • Nourrissez les chiens individuellement au début. • Donnez au nouveau chien son propre lit et ses propres jouets pour éviter les chicanes de territoire. • Au début, confortez le premier chien dans sa position de chef de la meute canine en lui accordant la priorité : jouez avec lui, nourrissez-le, accordez-lui votre attention et faites-le sortir en premier.	• N'intervenez pas dans la façon dont les chiens établissent leurs liens hiérarchiques au cours des deux premières semaines, à moins qu'ils ne se bagarrent. S'il est évident que le second chien est le chef, vous devrez confirmer sa position en le faisant passer en premier pour tout. • N'aggravez pas la situation pendant cette période d'adaptation ; enfermez-vous avec chacun séparément pour les cajoler et les gâter. • Si les chiens sont petits, n'en soulevez pas un plus haut que l'autre, ce qui reviendrait à donner au chien du dessous une position avantageuse à laquelle le chien du dessus peut réagir en attaquant. • Ne laissez pas les chiens ensemble avant d'être certain qu'ils sont amis.

Comment vous y prendre avec votre chien

La façon dont vous manipulez votre chien et agissez avec lui influence son comportement et ses réactions à votre égard. Le chien n'aime pas les situations tendues, les bruits forts, les voix querelleuses, ni être touché ou pris brusquement; il se sent menacé et cela l'insécurise.

La communication physique

La plupart des chiens apprennent dès leur enfance à aimer les caresses – surtout sur le dos, la poitrine et les flancs, qui sont des zones «sans danger». Mais ils n'apprécient guère qu'on leur touche les yeux, la bouche, les pattes, les oreilles, le ventre, la queue et la région anale. On doit toutefois les y habituer afin qu'ils acceptent calmement le toilettage et les soins du vétérinaire.

Jouer correctement avec son chien permet de nouer un lien solide avec lui.

Les chiens se défient l'un l'autre en se fixant dans les yeux. Ils apprennent vite à s'esquiver, en pareil cas, pour échapper à l'agression qui s'annonce. Pour notre part, nous regardons souvent notre chien dans les yeux non par défi mais par tendresse, et le chien doit savoir faire la distinction.

Notre façon de communiquer physiquement avec notre chien ne produit pas toujours l'effet escompté. On ne pense pas à mal quand on lui donne un petit coup de poing ou des claques amicales sur le dos ou les côtes, qu'on lutte énergiquement avec lui ou qu'on lui tripote les oreilles, mais ces marques d'affection risquent de l'indisposer, voire de le faire souffrir. Des gestes doux réussissent mieux à lui exprimer notre amour.

La communication vocale

Le chien a l'oreille très fine. Les bruits forts l'incommodent et l'effraient. N'élevez pas la voix contre lui, ne poussez pas à fond le volume de la musique ou de la télé. De plus, évitez les gestes brusques ou les éclats de bruit en direction de votre chien, car il pourrait interpréter cela comme une agression. Le chien préfère les tonalités basses, douces, apaisantes; il ne comprend peut-être pas les mots, mais il saisit le message véhiculé par

COMMENT SOULEVER UN CHIEN

1 *Accroupissez-vous et tirez gentiment, mais fermement, votre chien vers vous, en lui entourant la poitrine avec un bras et en soutenant son arrière-train de l'autre.*

2 *Maintenez le chien près de votre corps, de façon qu'il se sente en sécurité et ne puisse s'échapper, et levez-vous lentement.*

3 *Gardez le chien contre votre poitrine. Pour le déposer, inversez le processus. N'oubliez pas de plier les genoux pour ménager votre dos.*

Voir p. 118, Comment déplacer et soulever un chien blessé.

le ton de la voix, y compris quand la vôtre se fait sévère.

Le chien peine plus que l'enfant à comprendre les mots et à apprendre des commandes verbales comme « assis » ou « viens ». Il retient plus facilement ces directives quand elles sont accompagnées de gestes de la main durant le dressage. On peut éliminer peu à peu le geste au fur et à mesure que le chien s'habitue aux mots.

L'espace personnel

Le chien ressent sur-le-champ nos émotions. Si nous n'allons pas bien, cela le perturbe. Il a alors besoin de se retirer dans « ses appartements » jusqu'à ce que nous allions mieux et soyons prêts à nous occuper de lui. Ce « sanctuaire » est aussi l'endroit où il pourra s'isoler des enfants, des autres animaux, ou tout simplement se retrouver seul.

Les enfants et les chiens

Selon les études, les enfants qui grandissent dans une maison où il y a des animaux de compagnie qu'ils ont appris à respecter et à soigner sont plus susceptibles de réussir à l'école et de devenir des adultes équilibrés et responsables. Pour les parents, c'est une autre bonne raison d'avoir un chien.

Il importe que les enfants, ainsi que les adultes de passage, sachent qu'ils ne peuvent prendre certaines libertés avec votre chien, comme lui saisir la queue ou les pattes par jeu.

La sécurité

On doit enseigner aux enfants à respecter le chien, à le prendre et à lui parler correctement. Les chiens et les chiots peuvent se montrer étonnamment tolérants envers les bébés et les tout-petits, mais il serait imprudent de tester les limites de leur indulgence. Expliquez à l'enfant qu'il ne doit pas déranger le chien – spécialement en l'agrippant ou en criant – quand il dort ou mange, car il pourrait mordre. Si vous avez des enfants, il serait sage de renoncer aux chiens de races réputées agressives au profit d'un chien au tempérament égal et doux.

Ne laissez jamais de jeunes enfants seuls avec le chien, même si vous êtes convaincu qu'il est gentil et digne de confiance. Les enfants peuvent parfois harceler un chien jusqu'à ce qu'il n'en puisse plus et les morde pour les remettre à leur place (comme il ferait avec un chiot indiscipliné). Mais cette attitude est inacceptable pour nous, aussi vaut-il mieux prévenir ce genre d'incidents regrettables.

L'interaction et le jeu

Surveillez toujours les enfants quand ils jouent avec un chien. Ils s'excitent parfois et ne se rendent pas toujours compte que le jeu n'en est plus un, que le chien est survolté et qu'il risque de se mettre à jouer dur.

Veillez aussi à ce que vos enfants n'enseignent que les bons comportements au chien. Montrez-leur comment réagir si le chien leur saute dessus, tire sur leurs vêtements, mordille ; comment se faire comprendre ; quels sont les jeux auxquels ils peuvent jouer avec lui ; comment et où le chien aime se faire caresser. Incitez vos enfants à nourrir le chien et enseignez-leur à le faire s'asseoir et attendre leur permission avant de manger. D'une part, cela confirmera leur supériorité hiérarchique, d'autre part, cela incitera le chien à les considérer comme d'agréables fournisseurs de nourriture.

Surveillez-les discrètement quand ils sont ensemble pour que ni les enfants ni le chien n'apprennent ou ne fassent quelque chose de mal.

L'hygiène

Les enfants mettent sans cesse les mains dans la bouche. Bien qu'il soit rare qu'on contracte une maladie (parasitaire ou autre) d'un chien, vous devez néanmoins veiller à ce que les enfants (et les adultes d'ailleurs, vous compris) se lavent les mains après avoir touché le chien (ou d'autres animaux) pour réduire au minimum les risques de contamination.

Le *Toxocara Canis*, un parasite qui affecte les chiens et est éliminé dans leurs selles, cause chez nous la toxocarose. La meilleure prévention consiste à administrer régulièrement des vermifuges à votre chien.

La plupart des infections sont sans danger si la personne atteinte (y compris les femmes enceintes) est suffisamment immunisée contre elles.

Tant pour l'enfant que pour le chien, jouer ensemble est un bon moyen de dépenser le surplus d'énergie.

Dissuadez vos enfants de jouer à tirer des objets avec le chien, car ils ne sauraient peut-être pas quand arrêter. Il arrive que le chien refuse de laisser aller le jouet et devienne agressif.

Prendre soin d'un chiot

Il faut beaucoup de travail pour que cet adorable chiot devienne un chien adorable ! Mais ce n'est pas une tâche ardue – il vous suffit d'avoir du bon sens, le goût et la volonté de dresser votre chiot et de l'amener, grâce à quelques principes de base, à agir comme vous le souhaitez.

Traitement, interaction et socialisation

L'un des plus grands services que vous pouvez rendre à votre chiot consiste à lui signifier clairement que vous et votre famille occupez un rang supérieur au sien. En le reléguant fermement au rang inférieur, vous l'aiderez à devenir un adolescent et un adulte plus épanoui que si vous le laissiez faire la pluie et le beau temps.

En règle générale, un chien adulte accepte bien un chiot, car celui-ci ne représente pas une menace.

Voir pp. 58-59, Comment vous y prendre avec votre chien ; pp. 60-61, Les enfants et les chiens ; pp. 50-53, La socialisation.

L'alimentation

Si votre chiot vient d'un refuge ou d'un centre d'élevage, obtenez son programme alimentaire afin de savoir quelle sorte et quelle quantité de nourriture il recevait, et le nombre de repas qu'on lui servait chaque jour. Suivez ce programme et adaptez-le selon les consignes de la page 28.

Le jeu

Après la nourriture et le sommeil, le jeu, essentiel à son développement, est l'autre grande priorité du chiot. Il s'amusera pendant des heures avec ses jouets (une vieille chaussette nouée au milieu fait un jouet pas cher mais très apprécié) et, bien sûr, avec vous. Tous ses jouets doivent être des jouets pour chiots et vous devez les remplacer dès qu'ils sont endommagés, sinon le chiot risque d'en avaler un morceau et de souffrir de problèmes ou de blocages du système digestif.

Plus vous jouerez avec votre chiot, plus il vous trouvera intéressant. Et plus il voudra être avec vous et vous plaire, plus il sera facile à dresser et agréable à côtoyer.

Les félicitations et les récompenses

Le chien adore les félicitations et les récompenses, et apprend vite comment agir pour en recevoir. Il va donc s'efforcer de vous

DE LA NAISSANCE À L'ADOPTION

Pour savoir comment prendre soin d'un chiot de la naissance à l'adoption, voir pp. 112-113.

Interdisez à votre chiot de jouer avec vos possessions si vous ne voulez pas qu'il les prenne pour des proies et les mâchouille.

en soutirer. Reconnaître quels comportements lui attirent vos faveurs ou pas est vital pour lui, et cela constitue la base de son éducation.

La discipline

Il est rarement nécessaire de corriger un chiot. La plupart de vos échanges devraient être heureux et agréables ; vous deviendrez ainsi un bon copain pour votre chiot et il s'efforcera de vous plaire. Organisez-vous pour que la situation joue à son avantage, l'incite à bien se comporter pour être félicité ; ne lui laissez pas la latitude de mal agir et épargnez-lui l'humiliation de se faire gronder.

Si vous devez le corriger, faites-le comme sa mère le ferait : votre réaction doit être immédiate, saisissante, non violente, conclue en quelques secondes. Enseignez-lui ensuite le comportement désirable et récompensez-le. Si vous voyez qu'il s'apprête à mal agir, devancez-le. Aboyez-lui un « Non ! », un « Arghhh ! » ou une onomatopée semblable.

S'il s'entête, faites suivre l'avertissement d'une correction immédiate – avant même qu'il fasse le geste répréhensible, comme se faire les dents sur votre jambe. Surprenez-le en criant, en grondant ou en tapant des mains. Dressez-vous devant lui et fixez-le jusqu'à ce qu'il recule. Vous devrez peut-être le repousser s'il persiste. Puis montrez-lui que le bon comportement est plus gratifiant. Par exemple, s'il s'assied docilement, retrouvez votre calme et récompensez-le.

Adaptez le degré de correction à la sensibilité de votre chiot. Si après avoir été corrigé, il est boudeur et méfiant, la correction a été excessive. S'il continue à mal se comporter, elle a été trop douce.

Le maniement et le toilettage

Votre chiot doit apprendre à être toiletté, câliné, touché et retenu à votre gré. Plus il sera accoutumé à ces sensations, moins il se sentira menacé par elles. Il ne sera donc pas enclin à mordre, même si la situation est aussi stressante qu'un rendez-vous chez le vétérinaire. Développez sa confiance en vous et en l'être humain en général en le touchant, en le flattant, en le prenant, en le serrant doucement et en le retenant le plus souvent possible.

Commencez les sessions de toilettage le jour de son arrivée. Brèves au début, elles s'allongeront peu à peu. Voir pp. 65-67, Le toilettage ; pp. 58-59, Comment vous y prendre avec votre chien.

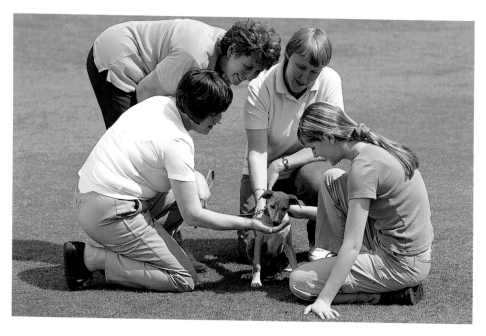

Accoutumez votre chiot à être touché et pris par plein de gens – cela fait partie de sa socialisation.

L'hygiène buccale

Dès le jour de son arrivée, habituez votre chiot à se faire ouvrir et inspecter la bouche, et brossez-lui les dents afin de prévenir la formation de plaque et les maladies parodontales (voir p. 102). Commencez par étaler avec votre doigt de la pâte dentifrice pour chiens sur ses dents et ses gencives. Une fois qu'il s'y sera fait, utilisez une brosse à dents ou un doigtier-brosse à dents, et nettoyez doucement ses dents et ses gencives. Vous trouverez des brosses à dents et de la pâte dentifrice pour chiens dans les animaleries.

Les vaccins

Pour diverses raisons, la plupart des gens sont pour les vaccins alors que d'autres sont contre (principalement à cause des fréquents rappels). Quoi qu'il en soit – du point de vue médical et en l'absence de données scientifiques prouvant le contraire –, la vaccination est préférable, car elle protège le chien de nombreuses maladies déplaisantes et parfois fatales.

Des assureurs exigent d'ailleurs que le chien soit vacciné avant de l'assurer, et si son carnet de santé n'est pas à jour, ils peuvent rejeter une demande de réglement. Lisez bien la police avant de signer. Voir p. 105, Les vaccins.

Le toilettage

Le toilettage fait partie de la vie de tous les propriétaires de chien. Son but premier est, bien sûr, d'entretenir la robe et la peau du chien. Mais le toilettage vous permet aussi de déceler les bosses suspectes et, surtout, de vous rapprocher de votre chien.

Pourquoi toiletter ?

En plus d'être essentiel à l'apparence et à la santé du chien, le toilettage poursuit d'autres buts, comme :

- vérifier la présence de puces, de mites et autres maladies de peau ;
- l'habituer à être manié ;
- empêcher les poils de se répandre à la

TYPES DE POIL

TYPE	EXEMPLES	À FAIRE
Poil dur	• Airedale • Jack Russel d'Australie • Border terrier	Brosser chaque jour, et demander à un professionnel de débourrer à la main trois ou quatre fois par an pour préserver la forme et l'apparence.
Poil double	• Bobtail • Berger allemand • Chiens métissés • Terre-neuve • Colley à poil long • Golden Retriever	Entretenir, chaque jour, les chiens ayant un poil du dessus et un sous-poil touffus (comme le Bobtail dont le toilettage peut prendre jusqu'à une heure par jour), mais seulement une fois par semaine ceux au poil moins touffu, comme le Berger allemand. Deux fois par mois, confier au toiletteur des chiens comme le Bobtail, le Samoyède et le Chow Chow.
Poil court	• Chiens métissés • Chien de Rhodésie à crête dorsale • Labrador • Rottweiler • Dobermann	Brosser une fois par semaine, sauf si le sous-poil est touffu, comme chez le Labrador.
Poil long	• Lévrier Afghan • Épagneuls • Setters • Shih Tzu	Brosser chaque jour pour éliminer les poils morts et les nœuds. Pour de meilleurs résultats, ajouter un toilettage professionnel aux six semaines.
Poil frisé/laineux	• Bichon frisé • Caniche • Bedlington terrier	Brosser aux deux jours et faire tailler par un professionnel plus ou moins aux six semaines pour que la robe garde sa forme et son style, car les poils frisés ne tombent pas mais restent accrochés au pelage.

grandeur de la maison ;
• éliminer les poils morts et prévenir les nœuds et l'emmêlement (feutrage) ;
• flatter la fierté de votre chien ;
• faire en sorte qu'il soit heureux qu'on s'occupe de toutes les parties de son corps ;
• l'aider à se sentir plus à l'aise, détendu, bichonné et, en général, mieux dans sa peau.

Comment toiletter

Cela dépend du type de poil. Demandez à l'éleveur de vous enseigner à entretenir la robe de votre chien, et, si nécessaire, ses griffes et ses oreilles. Laissez à des professionnels le soin de tondre et tailler son pelage, à moins que vous n'ayez l'intention d'apprendre à le faire vous-même.

Une fois par semaine ou, au besoin, par jour, retirez les poils morts avec la brosse ou le peigne. Utilisez des instruments appropriés au type de poil et à la densité du sous-poil. Procédez ainsi :
• éliminez d'abord les poils morts du sous-poil – comme vous travaillerez très près de la peau, prenez soin de ne pas l'accrocher ni de la tirer – et défaites les nœuds ;
• nettoyez ensuite le poil du dessus avec la brosse ou le peigne ;
• massez, dans le pelage, un revitalisant de finition en aérosol (protéines) pour lustrer la robe, et retirez encore quelques poils morts ;
• essuyez les yeux, l'intérieur des oreilles et le dessous de la queue ; n'utilisez pas de coton-tige, car vous pourriez endommager la structure délicate de l'oreille.

La mue

La mue saisonnière est normale. Mais le chauffage central a perturbé ce cycle au point que nombre de chiens muent désor-

Toiletter correctement le chien

1 Entourez de votre bras la poitrine et l'épaule du chien pour le stabiliser et l'empêcher de sauter par terre.

2 Brossez d'abord la nuque, le dos et les flancs, puis entre les jambes postérieures et sous le ventre – veillez à ne pas heurter les organes génitaux, les mamelons et les protubérances osseuses. Imaginez que vous êtes en train de brosser vos propres cheveux – votre chien vous signalera très vite si vous lui faites mal.

3 Finissez par les jambes et la tête. Soyez doux, parlez à votre chien d'un ton rassurant et félicitez-le s'il se laisse faire sans regimber. S'il rouspète sans raison, insistez fermement pour qu'il reste tranquille jusqu'à la fin.

mais à longueur d'année. Il n'y a pas grand-chose à faire sauf brosser le poil régulièrement et, peut-être, réduire le chauffage.

Le matériel de toilettage

Selon le type de poil de votre chien – dur, double, court, long, frisé –, vous aurez besoin, en tout ou en partie, de ce qui suit :
- gant de toilettage
- vieilles serviettes de bain
- chiffon en soie, en velours ou à poussière
- pince à ongles à guillotine
- ciseaux à bouts ronds
- ciseaux ordinaires
- pince à épiler
- ouate
- éponges pour les yeux, les oreilles et l'arrière-train
- shampooing sec ou liquide
- revitalisant en aérosol
- revitalisant à rincer
- barrettes (pour les chiens à poil long)
- solution pour enlever les taches de larmes
- dentifrice et brosse à dents pour chiens
- peigne à lames et lames
- tondeuse électrique et lames
- démêleur
- pince à oreilles (pour enlever les poils)

- brosse en soie
- brosse à lustrer métallique (ne convient pas au poil court ou fin)
- brosse à lustrer en nylon (pour le poil court ou fin)
- tapis de bain en caoutchouc
- tapis, ou serviette, antidérapant à mettre sur la table
- talc pour bébé ou poudre de toilettage
- boîte de rangement (pour y ranger le matériel de toilettage)
- peigne fin (contre les puces)
- peigne à dents écartées
- pierre à trimer
- ciseaux à trimer
- ciseaux à désépaissir
- vaporisateur antistatique
- râteau
- amis qui aident à tenir le chien

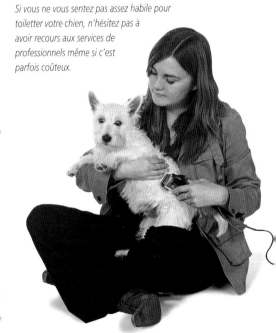

Si vous ne vous sentez pas assez habile pour toiletter votre chien, n'hésitez pas à avoir recours aux services de professionnels même si c'est parfois coûteux.

S'ENTRAÎNER ET S'HABITUER

Habituez très tôt votre chien à se faire manipuler les oreilles, les yeux et la gueule. Il supportera mieux le toilettage. Inspectez souvent ses oreilles (sans fouiller à l'intérieur) et sa gueule, touchez ses dents et essuyez ses yeux (voir p. 64, L'hygiène buccale). Félicitez-le abondamment s'il vous laisse le manipuler ainsi sans protester et il en viendra à juger cette activité gratifiante.

Les chiens et les voyages

Vous serez un jour ou l'autre confronté à la nécessité de quitter la maison, que ce soit pour les vacances, un séjour dans la famille ou chez des amis, une hospitalisation ou un voyage d'affaires. Vous devrez alors faire garder votre chien. Plusieurs choix s'offrent à vous selon les circonstances.

Les pensions pour chiens

Renseignez-vous auprès de votre vétérinaire et de vos amis qui ont des chiens. Faites la tournée des établissements qui vous intéressent pour vérifier si votre chien y serait bien traité. On vous demandera sans doute de produire le carnet de santé de votre chien. N'oubliez pas de mentionner les besoins spécifiques de votre chien ou ses troubles de comportement.

Les gardiens

Si vous avez plusieurs animaux de compagnie, vous trouverez peut-être plus écono-mique d'employer un gardien qui, en plus, veillera sur la maison. Vos animaux resteront ainsi chez eux. Cependant, faites toujours affaire avec une firme réputée qui trie ses employés sur le volet et est assurée contre toute éventualité.

Laissez au gardien les instructions suivantes :
• ce qu'il faut faire et ne pas faire en ce qui a trait aux soins et à la manipulation de vos animaux ;
• ce qu'ils mangent, en quelle quantité et à quel moment ; laissez assez de nourriture

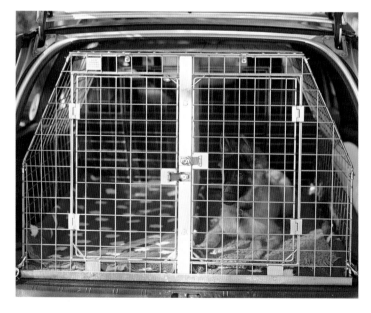

La cage doit être assez grande pour permettre au chien de s'allonger, de se tenir debout et de se retourner.

pour toute la durée de votre absence ;

• des explications claires si un animal est sous traitement médical ;

• les itinéraires et la durée de promenades sécuritaires ;

• vos coordonnées complètes et celles de votre vétérinaire.

En vacances avec votre chien

Vous pourrez emmener votre chien en vacances si vous l'avez accoutumé à voyager. Si vous utilisez les transports publics, vérifiez préalablement les règlements de la compagnie. En voiture, il est plus sécuritaire de loger votre chien dans une cage de voyage – assez grande pour qu'il puisse se tenir debout, s'allonger et se retourner. Ménagez plusieurs arrêts durant votre parcours et n'abandonnez jamais votre chien seul dans la voiture, surtout quand il fait très chaud.

Passer la frontière

Il est plus facile de nos jours de se rendre dans certains pays avec un animal grâce au Programme de voyage des animaux de compagnies (PVAC). Ce programme étant relativement nouveau, il est souvent modifié. Vérifiez donc auprès des instances compétentes les exigences en matière de vaccination, d'identification et de traitement contre les parasites. Afin de vous éviter des problèmes tant à l'aller qu'au retour, ayez en main tous les documents requis et veillez à ce que votre chien soit vacciné et traité contre les parasites dans les délais requis et porte la puce d'identification approuvée.

Les hôtels

Beaucoup d'hôtels accueillent les chiens. Comme ceux-ci sont toujours enchantés d'être avec leur maître, de découvrir de nouveaux endroits et de faire de nouvelles promenades, il y a fort à parier que vous vous réjouirez tous les deux de partir en

Réservez longtemps d'avance votre place dans un hôtel qui accueille les chiens, et renseignez-vous sur ses règles et ses exigences.

vacances ensemble. Apportez la couche du chien, ses jouets, sa nourriture, sa laisse et sa trousse de premiers soins. À votre arrivée, demandez où se trouve le vétérinaire le plus près. Munissez votre chien d'un sautoir portant les coordonnées de votre lieu de vacances et celles de la maison. Il ne serait pas mauvais de lui faire implanter une puce d'identification.

ÉDUQUER VOTRE CHIEN

Bien qu'un chien ne soit pas une personne, il est toutefois assez intelligent pour comprendre et faire ce que son maître attend de lui – à la condition que cette demande soit formulée d'une façon qu'il juge satisfaisante. Sachant cela, le maître doit se montrer astucieux et découvrir le moyen de dresser son chien vite et bien. Ce chapitre vous explique comment y parvenir – comment parler « chien » et communiquer avec votre ami à quatre pattes.

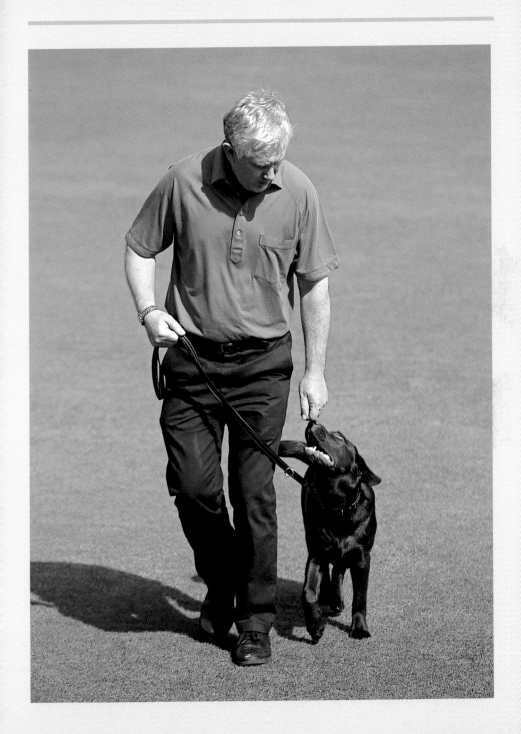

Partir du bon pied

Vous serez renversé de voir que vous pouvez en peu de temps amener votre chien à répondre à vos ordres et à se comporter selon vos désirs, pour autant que vous lui demandiez correctement. N'essayez pas de tout faire d'un coup, surtout s'il y a plus d'un problème à régler.

Les ordres et les récompenses

Le dressage repose sur un principe simple : être ou ne pas être récompensé. Le chien adore satisfaire son maître, plus encore s'il en est récompensé. Le dressage fondé sur la récompense est donc la clé pour former un chien heureux et obéissant. Chaque fois que vous le récompensez parce qu'il a répondu correctement à un ordre vocal accompagné d'un geste, vous ancrez cette réponse dans son esprit et elle finira par devenir un réflexe. Quand il entendra ce mot, ou verra ce geste, il réagira mécaniquement, un peu comme nous regardons automatiquement notre montre quand quelqu'un nous demande l'heure.

La nourriture occupant une grande place dans la vie du chien, les récompenses alimentaires sont très efficaces. Commencez par l'entraîner à s'asseoir, à rester et à attendre devant son bol de nourriture jusqu'à ce que vous lui donniez la permission de manger ; c'est une bonne préparation au dressage comportemental.

L'entraînement mental

• Ayez toujours recours au même mot pour demander un comportement précis (couché, assis, reste), sinon votre chien ne suivra plus. N'en changez pas, même si cela prend du temps avant qu'il soit assimilé. Veillez à ce que toute la famille fasse ainsi et exige

Réservez ses jouets préférés, comme ceux sur lesquels on tire, qui crient, rebondissent ou sont farcis, pour récompenser votre chien durant le dressage.

du chien qu'il se comporte bien.

• Récompensez un bon comportement par de la nourriture, un jouet, de l'attention, et votre chien apprendra rapidement.

• Donnez vos ordres d'une voix encourageante et d'un ton égal.

• Les ordres doivent être clairs et séparés les uns des autres, du moins au début, sinon votre chien ne s'y retrouvera pas.

• Si votre chien a appris à ignorer un ordre, pensant qu'il a un autre sens – par exemple, si vous lui dites « au pied » quand il marche devant vous en tirant sur sa laisse, il peut finir par associer « au pied » à « tire » –, changez de mot à la session suivante.

• N'élevez jamais la voix et ne faites jamais usage de violence quand vous êtes en colère, c'est contre-productif.

• Veillez à ce que tout le monde, visiteurs compris, suive vos règles. Si vous ne le laissez pas grimper sur le divan, nul ne doit le lui permettre, sinon vous vous retrouverez avec un chien anxieux.

La durée des sessions

Ne surmenez pas votre chien en en faisant trop durant une session. Vous ne réussiriez qu'à le désorienter. Répétez un exercice jusqu'à ce qu'il soit assimilé avant de passer à un autre. Entrecoupez le tout de courtes périodes de jeu pour permettre à votre chien de souffler un peu. Les sessions doivent être brèves et agréable : un chien supporte de 10 à 15 minutes de dressage par heure. Les chiots n'ont pas une grande capacité de concentration. Trois sessions de 10 minutes par jour sont préférables à une session de 30 minutes. Terminez toujours la session sur une note positive, de sorte que tant vous que votre chien soyez fiers de vous.

Notez dans un journal les progrès de votre chien, ses exploits et ses difficultés, et travaillez plus particulièrement sur celles-ci. Mais surtout, demeurez calme et patient, et faites du dressage une activité amusante.

DES FRIANDISES POUR LE DRESSAGE

Le chien est prêt à tout pour une friandise. Vous avez donc intérêt à découvrir celles que préfère votre chien. Bien que certains chiens adorent les fruits et les légumes frais tels les pommes, carottes et légumes verts, tous se laissent tenter par des rondelles de saucisse à hot dog ou des morceaux de foie cuit. Les friandises commerciales ont aussi leurs adeptes.

Tous les chiens sont différents

Certains chiens apprennent plus vite que d'autres. Comme les chiens de grande taille mûrissent plus lentement, on doit être plus patient avec eux. Par contre les chiens de petite taille étant parfois trop malins pour leur propre bien, on doit rester vigilant. Les chiens de travail, très intelligents, sont d'instinct des chasseurs, des rapporteurs, des gardiens. On doit donc faire montre de discipline pour en tirer le meilleur parti possible ; on peut aisément les dresser à l'agilité ou au travail, comme rapporter ou flairer-pister des objets. Mais peu importe le chien, faire du dressage un « jeu » est la clé du succès.

Combien de temps faut-il pour dresser un chien ?

Il n'y a pas de normes. Essayer d'en établir serait contre-productif en ce que certains maîtres pourraient en déduire que leur chien ne progresse pas assez vite. En fait, tout dépend du talent tant du maître que du chien. La méthode la plus efficace combine un dressage continu et des leçons de renforcement. Cela signifie qu'une fois que votre chien a bien appris sa leçon, vous pouvez la répéter souvent, récompenses à l'appui, afin qu'il ne l'oublie pas. Ce renforcement quotidien a pour but de vous conserver bien rodés, vous et votre chien.

La répétition et la constance contrent les mauvaises habitudes. Par exemple, si vous laissez votre chien franchir la porte avant vous une fois, il pensera qu'il peut le faire la prochaine fois – et la fois suivante. Si vous lui permettez de sauter partout chaque fois que vous prenez sa laisse en vue d'une promenade, il croira que son comportement est correct.

Un bon entraîneur vous aidera énormément à transformer votre chien en un compagnon bien élevé et obéissant. Un cours de dressage vous orientera dans la bonne direction – et c'est aussi très amusant. La pratique l'emportant toujours sur la théorie, les conseils sur mesure qu'on vous y donnera s'avéreront très précieux. En outre, on vous y offrira peut-être l'occasion de goûter à d'autres formes de dressage comme l'agilité, le flair, le flyball et l'obérythmée de plus en plus populaire.

FRIANDISE MAISON

Cette friandise à base de viande est parfaite pour le dressage : votre chien fera tout pour en croquer une.

375 g (12 oz) de foie de bœuf ou de mouton
1,5 l (6 tasses) d'eau froide

1 Préchauffer le four à 140 °C (275 °F). Graisser un moule à gâteau ou utiliser un moule non adhésif.

2 Dans une casserole, jeter le foie dans l'eau, amener à ébullition et laisser mijoter jusqu'à cuisson complète (environ 30 minutes).

3 Égoutter et conserver l'eau de cuisson au réfrigérateur pour l'ajouter à d'autres préparations.

4 Laisser refroidir le foie, puis le découper en morceaux de 1 cm ($1/2$ po). Déposer les morceaux dans le moule et cuire au four pendant 1 heure.

5 Laisser refroidir avant de servir. Se conserve 3 jours au réfrigérateur.

UNE BONNE QUESTION

Q Quel matériel est nécessaire au dressage?

R Le fait d'utiliser le bon matériel, comme une laisse dont la longueur convient à la taille de votre chien, vous rendra la tâche plus facile.

Optez pour un collier « gentil » comme le collier semi-étrangleur (voir ci-dessus) ou un collier large en cuir ou en nylon, dont le poids et la largeur sont appropriés à la taille du chien ou du chiot. Un collier parfaitement ajusté vous permet de glisser deux ou trois doigts dessous. S'il est trop lâche, le chien s'en défera. S'il est trop serré, il en souffrira, particulièrement quand il mangera et boira. Évitez les colliers étrangleurs qui risquent de blesser gravement la trachée.

Passons au genre de laisse maintenant. D'abord, elle doit tenir confortablement dans votre main. Ensuite, elle doit être assez longue pour rester lâche (voir à droite). Si elle est trop courte, vous traînerez votre chien. Si elle est trop longue, elle sera encombrante. Pour régler le problème, procurez-vous une laisse en nylon que l'on peut allonger ou raccourcir à son gré.

Éduquer un chiot

Un maître responsable et aimant souhaite entraîner son chiot à devenir un chien bien élevé dont il sera fier et que tout le monde admirera, aimera et lui enviera. Dresser et manipuler correctement un chien dès son plus jeune âge est une excellente façon d'éviter les troubles du comportement.

L'entraînement à la laisse et au collier

Au début, mettez son collier au chiot pour de courtes périodes. Félicitez-le et distrayez-le avec un jeu ou une récompense afin qu'il s'habitue à cette nouvelle sensation et l'assimile à une expérience agréable. Une fois qu'il sera accoutumé à son collier, attachez-y une courte laisse et laissez le chiot vous suivre à travers la maison et se faire à ce lien additionnel, là encore pour de courtes périodes. Félicitez-le et récompensez-le.

Dès qu'il s'est fait à son collier et à sa laisse, commencez à lui enseigner à marcher à votre côté pendant que vous tenez la laisse. Au début, tenez une récompense (friandise ou jouet) dans la main gauche pour ramener votre chien à l'ordre s'il est distrait, se met à tirer devant ou à traîner derrière, et le récompenser quand il reprend sa place.

L'entraînement par le jeu

Essayez de diriger les jeux de façon qu'ils préparent votre chien à revenir et à rapporter ultérieurement. Si le chiot vous rapporte un jouet et le laisse tomber ou vous le donne, s'il fait ses besoins dehors, reste allongé près de vous sans rouspéter, féli-

Votre chien s'habituera vite à la laisse si vous tenez celle-ci de la main droite et une gâterie de la main gauche (friandise ou jouet).

Aidez le chien à apprécier sa cage en lui remettant un jouet farci de friandises qui le divertira pendant des heures.

citez-le et récompensez-le. Attirez son attention avec un jouet: il le voudra mais devra le mériter.

Les cours pour chiots

La meilleure façon de socialiser votre chiot est de participer à des cours pour chiots, tenus dans un endroit protégé, où il rencontrera d'autres chiots et d'autres personnes. Les chiots découvriront rapidement comment se pourchasser et jouer correctement entre eux. Un bon entraîneur saura maîtriser les simulacres de combat et ne tolérera pas les brimades et l'intimidation.

L'entraînement à la cage

Il est très utile que votre chiot aime sa cage (voir p. 22). Pour cela, les premières expériences doivent se passer en douceur, sinon le chiot considérera sa cage non comme un refuge agréable mais comme une prison. Au début, déposez-y des jouets et des friandises pour l'inciter à y pénétrer. Laissez la porte ouverte pour qu'il puisse aller et venir librement. Pour qu'il ne soit pas dérangé sans se sentir abandonné, placez la cage dans un endroit tranquille mais pas trop retiré.

La cage ne doit pas être en plein soleil, ni dans un lieu trop chaud ou trop froid.

L'habituation à la cage

• Mettez-y sa couche et ses jouets préférés pour l'inciter à y pénétrer et à s'y sentir chez lui. Les premières fois, le meilleur moment est après le jeu, quand il est disposé au repos.

• Habituez-le à entrer et à rester dans sa cage en y déposant sa nourriture. Au début, laissez la porte ouverte. Une fois qu'il s'y rendra volontiers à l'heure du repas, fermez la porte quelques instants, puis de plus en plus longtemps. N'oubliez toutefois pas qu'un chiot ressent habituellement le besoin de faire ses besoins après le repas.

• Augmentez graduellement le temps que passe le chiot dans sa cage de quelques minutes à une demi-heure.

• La cage peut servir à l'entraînement à la propreté. N'y laissez toutefois le chiot qu'après qu'il aura mangé et fait ses besoins dehors. Autrement, il devra peut-être se soulager dans la cage, et comme les chiens ne tolèrent pas de souiller leur lieu de repos, votre chiot refusera peut-être ensuite de demeurer dans sa cage.

L'entraînement à la propreté

On doit enseigner au chiot à être propre, ce n'est pas inné chez lui. Comme cela n'ira pas sans quelques accidents de parcours, gardez-le dans un lieu où ses manques de retenue occasionnels n'auront pas de conséquences. Dans les premiers temps, il vous faudra le sortir très souvent aux bons moments, soit après le repas, le jeu ou le sommeil.

• Attachez-le toujours au même endroit dans le jardin. Laissez sur place ses derniers besoins dont la vue et l'odeur lui confirmeront qu'il est à la bonne place.

• Conduisez votre chiot à cet endroit aux moments appropriés et restez avec lui jusqu'à ce qu'il se soulage. Félicitez-le et récompensez-le.

L'entraînement aux repas

Le chiot doit apprendre qu'il n'a pas à se battre pour sa nourriture et qu'une personne qui se tient près de son écuelle ne constitue pas une menace. Il faut aussi qu'il vous reconnaisse comme chef et attende votre permission pour manger.

• Mettez le chiot en laisse et déposez son bol de nourriture. Ne lui permettez pas de manger ; retenez-le au besoin avec la laisse et l'injonction « laisse ». Incitez-le à rester calmement à vos côtés en lui disant « reste ».

• Attendez que votre chiot quête votre permission du regard, même si cela prend du temps. Quand il finira par vous regarder, dites-lui « mange » et laissez-le aller manger. Félicitez-le de sa patience.

• Répétez ce rituel jusqu'à ce qu'il attende votre commandement sans être en laisse. Vous lui enseignerez du même coup à ne pas toucher à tout et à attendre.

Quémander et mordiller

Si vous le laissez faire, un chien qui saute et mordille deviendra, en vieillissant et en

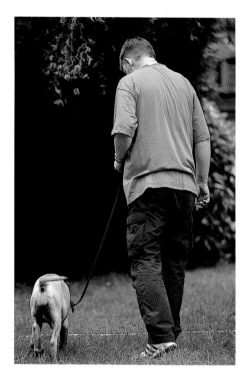

Félicitez votre chiot quand il fait ses besoins dehors, surtout si c'est à l'endroit désigné. Il apprendra ainsi que ce comportement vous plaît.

grandissant, un chien qui fera peur et mal aux gens, notamment aux enfants. Votre chiot doit apprendre que ces deux comportements sont inacceptables. Pour le décourager de mordiller, vaporisez une solution amère inoffensive (vendue dans les animaleries) sur les parties de votre corps qu'il vise (généralement les mains et les bras). Étendez la main et laissez le chiot la mordiller. Il reculera de dégoût et, au bout de quelques tentatives, il conclura que les humains goûtent mauvais.

• Veillez à ce que personne ne l'encourage à mordiller. Donnez-lui plutôt des jouets qu'il pourra mâchouiller à sa guise.

• Maniez la gueule de votre chiot dès le premier jour pour qu'il accepte, sans mordre, de sentir des mains sur et dans sa bouche. Félicitez-le quand il vous laisse faire et il comprendra qu'il est récompensé quand il ne mord pas. Ne lui tapez pas le museau, car cela risquerait, au contraire, de l'inciter à mordre.

• Ne vous occupez pas de votre chiot quand il saute. Ignorez-le, croisez les bras, ne le regardez pas. Quand il sera calmé et n'essayera plus de sauter, récompensez-le. Il comprendra que sauter ne lui apporte rien, tandis qu'être calme lui vaut une récompense.

• Quand vous serez en public, bien des gens, notamment les enfants, viendront vers votre chiot. Demandez-leur d'attendre qu'il s'assoie et se calme avant de le caresser.

• Donnez de l'attention à votre chiot seulement quand vous l'avez appelé. Quand vous avez fini de le cajoler, dites « assez » et repoussez-le doucement, croisez les bras, ne le regardez pas et ignorez-le.

• Veillez à ce que vos visiteurs connaissent et respectent les règles, et qu'ils sachent comment réagir si le chiot tente de leur sauter dessus.

Enseignez à votre chiot qu'il est interdit de mordiller, sinon il pourrait faire très mal à quelqu'un quand il sera adulte.

Dresser un jeune chien ou un chien adulte

Le meilleur moyen d'avoir un chien bien élevé est de commencer à le dresser dès son plus jeune âge (voir pp. 76-79). Si toutefois vous possédez un chien adulte qui n'a pas été dressé ou dont les manières laissent à désirer, il est encore temps de lui enseigner à obéir. Vous trouverez dans ce chapitre des conseils pour lui apprendre à agir comme il faut, à marcher au pied, à s'asseoir, à rester et à bien se conduire à la maison. Ces comportements ne sont pas innés chez le chien, on doit les lui inculquer. Il doit apprendre votre façon de faire, et vous devez découvrir comment lui donner le goût d'apprendre.

Marcher au pied

C'est un véritable plaisir de promener son chien. À la condition qu'il ne tire pas constamment sur sa laisse pour explorer les alentours ou ne s'attarde pas, avec curiosité, à la moindre touffe d'herbe et à chaque poteau. Au début, dites « au pied » quand le chien y est, afin qu'il assimile l'ordre à cette position. Ajoutez-y une récompense ou des félicitations pour qu'il trouve cette position agréable. Quand il aura compris la position reliée à « au pied », donnez-lui cet ordre pour le ramener vers vous.

Marcher au pied

1 Le chien doit être à votre gauche, son épaule contre votre jambe. Tenez la laisse de la main droite. Attirez l'attention de votre chien en l'appelant par son nom et dites « au pied ».

2 Si le chien marche en avant de vous ou tire, arrêtez. Il vous regardera sans doute avec surprise.

3 Ramenez-le à la position initiale et répétez l'étape 1. Recommencez à marcher. Répétez l'exercice aussi souvent que nécessaire, et le chien finira par saisir l'idée.

Revenir

Dès que votre chien connaît son nom, vous devez l'entraîner à revenir vers vous à l'instant où vous l'appelez. C'est une mesure de sécurité essentielle si vous le laissez libre. S'il sait qu'en revenant vers vous il aura une récompense, il obéira plus volontiers. Au début, offrez-lui des récompenses irrésistibles, comme sa friandise ou son jouet préférés. Des félicitations suffiront probablement quand il sera bien dressé, mais donnez-lui quand même, à l'occasion, une gâterie pour l'encourager à demeurer un bon chien.

Une fois que votre chien revient vers vous au premier appel, faites l'exercice en compagnie d'un ou de deux chiens calmes et familiers. Ils doivent être attachés. Approchez-vous-en, en tenant votre chien au bout d'une très longue laisse. Avant qu'ils se rejoignent et se saluent, rappelez votre chien. S'il obéit, récompensez-le généreusement. Sinon, tirez-le vers vous, laissez-vous tomber sur un genou pendant qu'il approche et récompensez-le quand il arrive à vous. Recommencez de nouveau. Quand le chien obéira bien, essayez cet exercice en le détachant de sa laisse et, ultérieurement, en détachant tous les chiens.

Comment dresser votre chien à revenir

1 Tout en utilisant une longue laisse, marchez normalement, avec votre chien au pied, comme d'habitude. Puis relâchez la laisse et éloignez-vous du chien à reculons. Ensuite, appelez-le par son nom en ajoutant le commandement « viens ». Tendez une friandise ou un jouet pour le motiver.

2 Quand le chien vous a rejoint, dites « assis », et s'il obéit, remettez-lui la friandise ou le jouet et félicitez-le chaudement. Quand il revient immanquablement, faites l'exercice en laissant tomber la laisse au sol (gardez-la à portée de main). S'il obéit toujours, rendez-vous en lieu sûr et faites l'exercice sans laisse, en vous éloignant toujours un peu plus du chien.

Assis

Vous dresserez votre chien à s'asseoir en quatre étapes, que l'on peut résumer par l'acronyme ACER : attention, commandement, exécution, récompense.

Soyez patient : le chien se sent vulnérable en position assise et, selon son passé, cela peut l'insécuriser.

Si vous souhaitez utiliser des friandises, procédez ainsi. Debout à côté de votre chien, tenez la friandise dans la main le plus près de lui. Tendez-la-lui, dites « assis », et en même temps passez la friandise sous son nez puis au-dessus de sa tête, en l'éloignant légèrement vers l'arrière pour l'obliger à lever la tête. Il devrait automatiquement s'asseoir. S'il le fait, donnez-lui la friandise.

Reste

Il est très utile, tant à l'intérieur qu'à l'extérieur, que votre chien reste où vous lui avez ordonné de rester, par exemple pour l'obliger à demeurer dans son lit quand vous avez des visiteurs ou à s'immobiliser pour sa propre sécurité, ou celle des autres, au cours d'une promenade.

Reste, en liberté

Enseignez ensuite à votre chien à obéir au commandement « reste » même s'il n'est pas en laisse. Éloignez-vous de lui, dites « reste » et laissez tomber la laisse (mettez le pied dessus au besoin). Attendez quelques secondes, puis marchez vers votre chien et autour de lui pour aboutir sur son flanc droit. Récompensez-le d'une caresse ou d'une friandise – ne tenez pas celle-ci dans les airs, car il voudra sauter dessus.

Apprendre « assis » en laisse

1 Dites « assis » et simultanément, de la main gauche, pressez légèrement sur son arrière-train pour le pousser au sol.

2 En réponse à la pression, le chien exécutera l'ordre et s'assoira.

3 Récompensez-le. Demandez toujours à votre chien de s'asseoir avant de lui donner sa nourriture ou de le mettre en laisse. C'est un moyen de lui rappeler les bonnes manières et votre supériorité.

Apprendre « reste » en laisse

1 Faites asseoir le chien, en laisse, à côté de votre pied gauche.

2 Commencez par simplement tourner autour du chien en contrôlant sa position. Dites « reste », tenez la laisse de la main gauche en la laissant détendue. Placez la paume de votre main droite devant le chien à titre de signal visuel. Redites « reste » et déplacez-vous d'un pas.

3 Redites l'ordre, puis faites vivement le tour du chien en restant proche de lui pour qu'il sache où vous êtes. Arrêtez quand vous arrivez à la droite du chien. Félicitez-le.

4 Répétez l'exercice, cette fois-ci en vous éloignant quand vous êtes devant lui, mais en demeurant proche quand vous êtes derrière pour le rassurer. S'il reste en position, augmentez graduellement la distance.

Couché

Une fois que votre chien comprend les directives « assis » et « reste » (voir pp. 82-83), il est prêt à apprendre à se coucher sur commande. Comme c'est dans cette position que le chien est le plus vulnérable, on doit le distraire de ce sentiment angoissant en le récompensant généreusement et instantanément, ce qui lui enseignera que s'allonger peut être non seulement sans danger mais plaisant. Soyez patient, sinon le chien ressentira votre agacement et vous raterez votre coup.

GÂTER AVEC MESURE

Les friandises sont l'un des éléments clés du dressage. Suivez les consignes données à la p. 78, car ce qui convient aux chiots s'applique aussi aux chiens. Toutefois, trop de friandises, et trop souvent, feront engraisser le chien. Elles ne doivent pas s'ajouter à la ration alimentaire quotidienne mais en faire partie. Une fois que le chien a compris ce que vous attendez de lui, remplacez peu à peu les gâteries par des félicitations ou des caresses.

« Couché » sur commande

1 Faites asseoir le chien et amenez-le à se concentrer sur la friandise que vous tenez.

2 Passez la friandise sous son nez, puis abaissez-la vers le sol ou entre ses deux pattes avant. Dès qu'il s'allonge dans le but de la saisir, dites simultanément « couché », donnez-lui la friandise et félicitez-le. Recommencez jusqu'à ce que le chien se couche sans rechigner, dans l'espoir de recevoir une gâterie.

3 Cette première étape franchie, essayez de le faire demeurer couché. Tout en vous éloignant de lui, dites « reste » (avec, au besoin, le geste de la main illustré ci-dessus), attendez quelques secondes, revenez vers lui et récompensez-le généreusement. Augmentez peu à peu la distance.

Rouler sur le dos

Maintenant que le chien se couche sur commande, on peut lui montrer à rouler sur le dos. Il ne s'allongera sur le côté et sur le dos que s'il se sent en sécurité, car il se sait très vulnérable quand son ventre est exposé.

Lui enseigner à rouler sur le dos

1 Montrez la friandise à votre chien.

2 Passez la friandise sous son nez, puis déplacez-la lentement par-dessus son épaule, derrière son cou et finalement vers le sol.

3 Le chien suivra votre main du regard jusqu'à ce qu'il soit obligé de s'étendre sur le flanc.

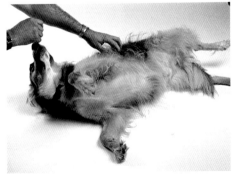

4 À ce moment, dites « roule » et remettez-lui la friandise tout en lui flattant le ventre. Recommencez jusqu'à ce qu'il trouve l'exercice gratifiant.

Rapporter

Lancer un jouet à votre chien en lui demandant de le rapporter est une bonne façon de lui faire faire de l'exercice et de jouer avec lui. Mais si le chien ne rapporte pas, comment peut-on l'inciter à le faire ?

Ne vous engagez pas dans une partie de bras de fer si votre chien ne laisse pas aller le jouet. Mettez-le plutôt en laisse et faites-le asseoir. Saisissez le jouet, sans tirer dessus, et placez le pouce et l'index de votre autre main sous sa gueule. Pressez doucement sur sa mâchoire pour dégager ses dents du bas. Dites en même temps « donne ». Le chien relâchera alors les mâchoires et vous pourrez lui retirer le jouet. Le but n'est pas de faire mal au chien mais de l'incommoder juste assez pour qu'il lâche prise. Au bout de quelques fois, le chien obéira dès que vous poserez vos doigts sous sa gueule et vous abandonnera le jouet sans rouspéter. Avec le temps, il vous suffira de le faire asseoir, de tendre la main vers le jouet et de dire « donne » pour qu'il obéisse.

Rapporter et donner

1 Le jouet que vous lancerez sera ordinaire, mais vous garderez en poche, ou derrière le dos, un jouet que le chien adore et qui sera sa récompense lorsqu'il rapportera l'autre. Faites asseoir le chien au pied (voir pp. 82-83), lancez le jouet ordinaire et dites en même temps « va chercher ».

2 Quand le chien a saisi le jouet, rappelez-le en disant son nom, suivi de la directive « rapporte ».

3 Félicitez-le chaudement lorsqu'il rapporte le jouet, puis amusez-vous ensemble avec l'autre jouet. Il comprendra vite qu'il doit rapporter le jouet ordinaire pour avoir droit à son jouet préféré. Terminez l'exercice sur une réussite pour l'encourager.

La sécurité sur la route

Pour sa propre sécurité et celle des autres, le chien doit apprendre à traverser la rue. Il doit traverser avec vous, sans vous traîner ni être traîné par vous. Un maître qui lutte avec un chien hors de contrôle pour lui faire traverser la rue représente un danger. Le chien doit d'abord être capable de marcher au pied et de s'asseoir sur commande (voir pp. 80-82). En effet, vous ne pouvez vous concentrer sur le trafic routier pour vérifier si la voie est libre que si le chien est calmement assis à vos côtés.

Apprendre la sécurité sur la route

1 Accoutumez le chien aux bruits et aux mouvements du trafic en l'amenant dans un endroit où vous pourrez, en toute sécurité, vous asseoir et regarder ce qui se passe. Distrayez-le avec un jouet ou des friandises. Ne le cajolez pas trop et ne le tenez pas contre vous, car il croira qu'il a des raisons d'avoir peur. Parlez-lui sur un ton normal.

2 Une fois que le chien est à l'aise, allez marcher avec lui le long de la chaussée, en le distrayant chaque fois qu'un véhicule approche. Récompensez-le après leur passage. Il finira par vous regarder sans prêter attention à la circulation.

3 Assurez-vous de traverser la chaussée à un endroit où la vue est dégagée dans les deux sens. Évitez les tournants et les carrefours, sauf s'il y a un passage pour piétons. Faites asseoir le chien au pied pendant que vous vérifiez si la voie est libre. Répétez au chien de rester, en attirant son attention sur vous avec des friandises, un jouet ou des paroles d'encouragement jusqu'à ce que vous traversiez.

4 Traversez seulement quand la voie est libre dans les deux sens. Continuez à vérifier s'il y a un véhicule qui approche et à attirer l'attention du chien sur vous en ayant une friandise dans la main qui se trouve le plus près de lui.

Le chien qui a envie de jouer est un chien heureux. Inscrivez votre chien à des cours où il aura l'occasion de rencontrer d'autres chiens, et vous en ferez un meilleur chien.

Les bonnes manières en société

Un chien qui rencontre souvent d'autres personnes et d'autres chiens est moins sujet à des troubles du comportement. Il faut donc socialiser tant les chiots que les chiens adultes.

Si le chien adulte n'a pas été correctement socialisé, il faut corriger la situation avec le plus grand soin. Idéalement, vous inscrirez le chien à des cours de socialisation pour chiens adultes, tenues dans un environnement sûr et contrôlé. Ce sera plus rassurant pour vous, surtout si le chien a tendance à devenir surexcité ou agressif en présence d'autres personnes ou d'autres chiens et que vous ne savez pas comment réagir alors.

Le chien doit être capable de s'asseoir et de rester sur commande si vous voulez que les présentations, l'intégration et l'interaction se déroulent bien. Si vous pouvez maîtriser le chien avec calme, il acceptera mieux la situation et son contact avec les autres sera plus agréable pour tout le monde.

Les bonnes manières à la maison

Votre chien doit savoir quelle est sa place dans la maisonnée et comment il peut se comporter. Ainsi, il doit vous permettre d'accueillir vos visiteurs sans se précipiter au-devant ou les empêcher d'entrer. Il vous revient d'agir de façon qu'il comprenne ces règles. Quand vous rentrez à la maison, faites d'abord vos affaires, comme retirer et suspendre votre manteau ou ranger l'épicerie, tout sauf vous occuper en premier de votre chien. Ignorez-le tant qu'il s'excite. Vous ne devez pas lui donner à penser qu'il occupe un rang important. Au bout d'un moment, il se lassera, trouvera de quoi s'occuper ou s'allongera. Alors seulement, vous pouvez l'appeler et lui accorder quelques minutes d'attention.

Veillez à ce que le reste de la famille ainsi que les visiteurs agissent de même. Ils ne doivent pas prêter attention au chien quand ils sont assis. S'il essaie de grimper sur leurs genoux ou sur une chaise, il faut le repousser fermement sans lui dire un mot. Même une réprimande viendrait combler son besoin d'attention. Il finira par s'éloigner. Attendez quelques minutes, puis appelez-le en disant son nom, suivi de la directive « viens ». Cajolez-le un peu, puis repoussez-le doucement en lui disant « fini » et en mettant vos mains et vos bras hors de portée.

Appliquez fermement ces quelques règles et vous verrez bientôt votre chien changer. Il ne sera plus toujours dans vos jambes à quémander votre attention. Vous êtes chez vous ; vous avez le droit de vous asseoir, de lire, de relaxer, de travailler. Il est inacceptable que votre chien se mette en travers de votre chemin.

Corriger les troubles du comportement

« Pourquoi mon chien se comporte-t-il mal ? » est une question courante. La plupart du temps, c'est parce qu'il est mal dressé et pas assez stimulé. Cela dit, avant de vous embarquer dans un programme de rééducation, demandez au vétérinaire de s'assurer que le chien ne souffre d'aucun mal pouvant causer ses mauvaises habitudes.

Un comportement fautif, comme agresser d'autres animaux, ne se corrige pas rapidement. Soyez donc conscient que vous vous engagez dans un processus qui prendra du temps et pour lequel vous aurez besoin de l'aide d'un entraîneur professionnel.

Voici un problème fréquent. Vous vous levez pour changer de pièce, le chien se lève aussi et vous bloque le passage en restant debout ou allongé dans l'embrasure de la porte. Si vous l'enjambez ou tentez de le déplacer, vous élevez son statut. Prévenez plutôt son geste : avant de vous lever, ordonnez-lui de rester. Si vous lui avez correctement appris cette directive, il obéira.

Grimper sur les meubles

Si vous ne voulez pas que le chien grimpe sur les meubles, interdisez-le-lui dès le début, sans faiblir une seule fois.

Lui apprendre à ne plus grimper sur les meubles

2 *Si le chien ne réagit toujours pas, tirez-le doucement mais fermement en répétant la directive « en bas ». S'il tente de regrimper, dites « non ». S'il essaie encore, redites « non » et sortez-le de la pièce. Faites-le rentrer au bout de quelques minutes et ordonnez-lui de se coucher. S'il tente encore de grimper, sortez-le de nouveau. Il finira par comprendre qu'il est puni quand il grimpe sur les meubles.*

1 *Si le chien n'obéit pas, glissez votre doigt sous son collier pour le maîtriser et dites « en bas ».*

Quémander l'attention

Si votre chien réclame votre attention en sautant ou en vous donnant des coups de patte quand vous êtes occupé à autre chose, ignorez-le.

Lui apprendre à ne plus quémander l'attention

1 *Quand le chien verra qu'il n'obtient aucune réaction, il va s'asseoir et réfléchir.*

2 *Puis il s'allongera, le temps de décider ce qu'il fera ensuite.*

3 *Dès qu'il s'allonge, récompensez-le afin qu'il comprenne qu'il est plus gratifiant de ne pas quémander l'attention.*

Mâchouiller

On doit absolument empêcher un chien de mâchouiller ce qui ne lui appartient pas, sinon il détruira tout le contenu de la maison.

Ayez à portée de la main, un peu partout dans la maison, des contenants bruyants (remplis de billes ou de grosses fèves), fermés et incassables dont vous vous servirez quand votre chien mâchouillera.

Si votre chien s'en prend de préférence à certains objets (chaussures, pattes de table, rembourrage), vaporisez-les avec une solution spéciale vendue dans les animaleries, puis incitez votre chien à les mordiller. Il n'appréciera guère le goût déplaisant des objets et ne sera pas tenté d'y retoucher.

Lui apprendre à ne plus mâchouiller

1 Lancez un contenant bruyant près du chien (pas sur lui, évidemment) pour interrompre son geste. Le chien sursautera de surprise et cessera de mâchouiller. Si vous craignez de mal viser ou si le chien est très nerveux, contentez-vous de secouer le contenant.

2 Remplacez rapidement l'objet que le chien maltraite par un jouet ou une friandise à mâchonner. Encouragez-le à s'y faire les dents.

3 Donnez au chien un jouet à mâchonner rempli d'une farce alléchante qui le distraira, surtout quand vous êtes occupé. Ainsi, il ne s'ennuiera pas et ne cherchera pas à se divertir en mâchonnant quelque chose qu'il ne devrait pas.

LES SOINS DE SANTÉ

L'attitude qu'ont certains maîtres à l'égard de leur chien est à l'origine de plusieurs troubles, non seulement de comportement, mais aussi de santé. On peut les éviter d'une part, en se donnant la peine de comprendre et de respecter le comportement du chien, ce qui comprend lui fournir des activités et une alimentation appropriées, et d'autre part, en décelant au plus tôt les premiers symptômes de ce qui ne va pas.

Pour garder votre chien en parfaite forme, il vous sera utile de savoir comment est fait et fonctionne son corps, comment discerner qu'il ne va pas bien et que faire en pareil cas.

L'anatomie du chien

Peu importe la race, tous les chiens sont carnivores et athlétiques. Ils ont quatre orteils et griffes au bout de chaque patte, plus un cinquième (l'ergot) sans utilité précise et dont certaines races sont dépourvues. Ils ont 42 dents, 20 en haut et 22 en bas.

Le squelette

Le squelette est formé d'une structure semi-rigide qui soutient d'autres structures souples. La colonne vertébrale, les membres, les épaules et le bassin (travaillant de concert avec les muscles et les tendons) agissent comme leviers et concourent aux mouvements, tandis que le crâne, les côtes et le bassin protègent les principaux organes internes. Le squelette est constitué d'os reliés entre eux par des tendons et des ligaments. Il existe quatre sortes d'os : long, court, irrégulier et plat. Chacun a une fonction qui lui est propre.

Les os longs

Ils sont cylindriques et leur centre creux contient la moelle osseuse vitale qui fabrique toutes les cellules sanguines. Ils constituent les os des membres, c'est-à-dire l'humérus, le radius, le fémur, le tibia et le péroné.

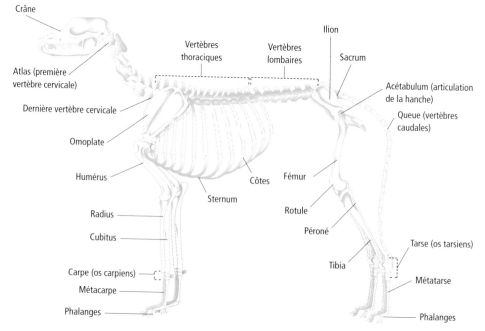

Crâne

Vertèbres thoraciques

Vertèbres lombaires

Ilion

Sacrum

Atlas (première vertèbre cervicale)

Acétabulum (articulation de la hanche)

Dernière vertèbre cervicale

Queue (vertèbres caudales)

Omoplate

Humérus

Côtes

Fémur

Sternum

Radius

Rotule

Cubitus

Péroné

Tarse (os tarsiens)

Carpe (os carpiens)

Tibia

Métatarse

Métacarpe

Phalanges

Phalanges

Les os courts

Ils sont composés d'un cœur spongieux entouré d'un os compact. Ce sont les os du pied et la rotule (l'articulation entre le fémur et le tibia).

Les os irréguliers

Ainsi nommés en raison de leur forme irrégulière, leur structure est similaire à celle des os courts. Un chapelet d'os irréguliers crée la colonne vertébrale et la queue. Les excroissances irrégulières de la colonne servent de points d'attache aux divers muscles du dos.

Les os plats

Ils sont constitués d'une couche de tissu spongieux prise en sandwich entre deux couches d'os compact. Le crâne, le bassin, les omoplates sont des os plats. Les 13 paires de côtes sont des os aplatis et allongés qui renferment une quantité appréciable de moelle osseuse génératrice de cellules sanguines.

Le système musculaire

Les muscles recouvrent le squelette. Ils forment un ensemble complexe et donnent au chien sa motricité puissante et athlétique, et de l'endurance plus que de la vitesse. Le corps du chien recèle trois sortes de muscles.

• **Les muscles striés** (voir ci-dessous) assemblent des fibrilles contractiles en faisceaux parallèles qui viennent s'attacher aux membres et autres parties du corps. Ils régissent les fonctions volontaires comme le mouvement. Ces muscles volontaires sont habituellement annexés à des os qui comportent des articulations. Les muscles extenseurs étendent et redressent les membres ; les muscles fléchisseurs font jouer les articulations. Les muscles abducteurs éloignent les membres du corps et les muscles adducteurs les rapprochent.

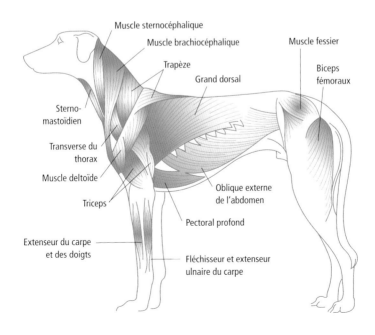

Muscle sternocéphalique
Muscle brachiocéphalique
Muscle fessier
Trapèze
Biceps fémoraux
Grand dorsal
Sterno-mastoïdien
Transverse du thorax
Muscle deltoïde
Oblique externe de l'abdomen
Triceps
Pectoral profond
Extenseur du carpe et des doigts
Fléchisseur et extenseur ulnaire du carpe

• **Les muscles lisses** s'occupent des fonctions involontaires. Ce sont par exemple les muscles des intestins et des parois des vaisseaux sanguins.

• **Le muscle cardiaque** est un muscle spécialisé dont la fonction expresse est de faire battre le cœur. Il se démarque par sa capacité unique à se contracter de façon rythmique pour pomper le sang dans le corps par le biais d'un vaste réseau de vaisseaux sanguins.

LIGAMENTS ET TENDONS

Les ligaments sont de courtes bandes de tissu conjonctif dur et fibreux qui connectent les os ou les cartilages, ou qui maintiennent une articulation. Ils comprennent aussi des enveloppes membraneuses qui soutiennent les organes et les gardent en place. **Les tendons** sont des cordons, flexibles mais non élastiques, de tissu fort et fibreux, qui rattachent les muscles aux os.

Le système respiratoire

La respiration apporte l'oxygène essentiel à la vie et expulse les déchets (sous forme d'oxyde de carbone) présents dans le sang. Le chien inhale l'air à travers les voies respiratoires de son nez et de sa gueule. Cet air passe dans sa gorge (pharynx), puis dans sa trachée, jusqu'aux bronches et aux poumons. Les échanges gazeux ont lieu dans les poumons ; le sang dépose l'oxyde de carbone dans les alvéoles, d'où il sera expulsé, puis se gorge d'oxygène. La respiration est mécanique : les muscles de la poitrine se contractent, actionnant les côtes et le diaphragme, faisant entrer et sortir l'air des poumons.

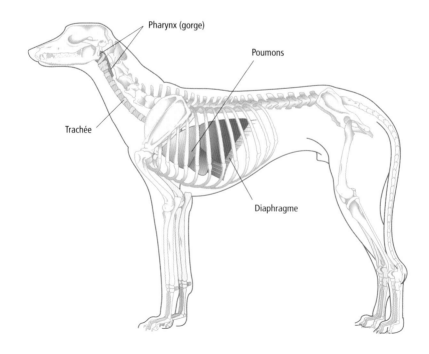

Pharynx (gorge)

Poumons

Trachée

Diaphragme

Le système circulatoire

Le sang nourrit chaque cellule du corps et les lave de leurs toxines. Il combine des globules rouges et des globules blancs surnageant dans un fluide appelé plasma. Le plasma renferme des plaquettes qui interviennent dans la coagulation en cas de coupures ou de blessures. Les globules rouges transportent l'oxygène et les nutriments issus des aliments, tandis que les globules blancs collectent et charrient les impuretés et les bactéries qui ont contaminé les globules rouges.

Le sang est continuellement véhiculé dans le corps via les quatre cavités du cœur.

Son périple s'amorce dans l'oreillette gauche (cavité supérieure) d'où le sang, riche en oxygène, passe dans le ventricule gauche (cavité inférieure). Il aboutit ensuite dans l'aorte, une grosse artère, d'où il s'écoule dans toutes les autres artères. En même temps qu'il distribue l'oxygène et les nutriments recueillis dans le petit intestin, il ramasse les déchets, c'est-à-dire les bactéries, les cellules sanguines mortes et l'oxyde de carbone. Le sang, pollué par ces toxines, emprunte ensuite les veines et ralentit son cours jusqu'aux poumons où il déchargera ses déchets et fera le plein d'oxygène et de nutriments avant de retourner au cœur.

Rouge = sang oxygéné (côté gauche du cœur)

Bleu = sang désoxygéné (côté droit du cœur)

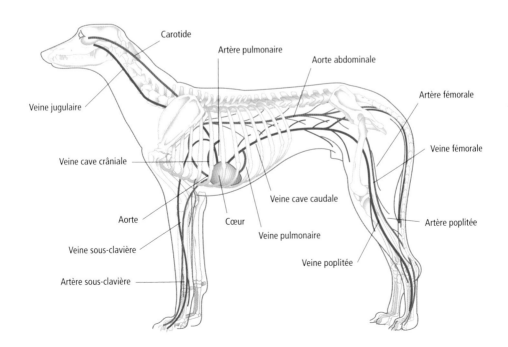

Le système digestif

En termes simples, l'appareil digestif est un tube de grosseur variable qui relie la gueule du chien à son anus, à l'autre bout. Les aliments pénètrent dans la bouche et parcourent le tube où ils sont digérés. Tous les nutriments sont extraits et les matières restantes sont excrétées par l'anus.

La langue lape les liquides et lèche les particules de nourriture, tandis que les dents mordent, saisissent et mastiquent les aliments. La salive facilite l'ingestion ; elle est sécrétée par trois paires de glandes salivaires qui se vident dans la bouche. La nourriture et le liquide descendent dans l'œsophage (gosier) jusqu'à l'estomac, où les acides et les enzymes les transforment en chyme, mélange d'aliments partiellement digérés et de sucs gastriques. Le tout passe ensuite dans le petit intestin où les nutriments utiles sont absorbés dans le sang. Le foie contribue à la digestion et neutralise les toxines.

Une fois que tous les nutriments valables (gras, sucres, minéraux, vitamines, protéines et glucides) ont été triés et distribués par le petit intestin, la matière résiduelle se rend dans le gros intestin. Le liquide excédentaire prend la direction des reins et de la vessie (l'urine s'écoule par le pénis chez le mâle, par la vulve chez la femelle), les selles traversent le rectum puis sont éliminées via l'anus.

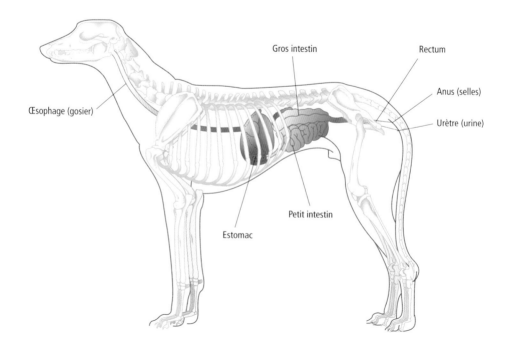

Œsophage (gosier)

Gros intestin

Rectum

Anus (selles)

Urètre (urine)

Estomac

Petit intestin

La peau et le pelage

La peau remplit plusieurs fonctions. Elle :
- empêche la pénétration de corps étrangers ;
- maintient le taux d'hydratation interne ;
- régule la température du corps ;
- produit de la vitamine D ;
- protège des rayons UV grâce à sa pigmentation et à celle des poils ;
- contribue à l'élimination des toxines, grâce à ses glandes ;
- signale le degré de douleur, de température et de pression.

La peau est constituée de trois couches :
- l'épiderme – la couche superficielle ;
- le derme – la couche intermédiaire ;
- l'hypoderme – la couche profonde.

Sous l'hypoderme se trouve une couche de gras qui sert d'isolant, de réserve de nutriments et de coussin protecteur pour les os et les organes. Contrairement à nous, les chiens n'ont pas de glandes sudoripares dans la peau mais seulement sous les pieds.

Le poil est formé depuis l'épiderme et croît à travers un tube, le follicule pileux. Chaque follicule a une glande sébacée qui sécrète une substance huileuse, semi-liquide (sébum) dont le rôle est de lubrifier et d'imperméabiliser les poils et la peau. Cette glande émet aussi une odeur avec laquelle le chien marque son passage, et des substances chimiques qui attirent le sexe opposé. Il y a trois sortes de poils :
- les poils de couverture (poils du dessus) sont les longs poils imperméables qui forment la couche supérieure du pelage ;
- le duvet laineux (sous-couche) emprisonne l'air et garde le chien au chaud ;
- les vibrisses (moustaches) sont sensibles au toucher et poussent autour de la bouche, des yeux et sur les joues.

La mue se produit quand les poils tombent afin que le pelage convienne à la saison. Le pelage croît et s'épaissit par temps froid pour garder le chien au chaud.

COLORATION DE LA PEAU

Un chien en santé a la peau souple. Un chien malade ou déshydraté a la peau raide. Rendez-vous chez le vétérinaire si vous constatez que la peau de votre chien perd sa couleur rose pâle normale, changement qui habituellement apparaît en premier sur les lèvres et les gencives.
- **Une peau pâle** indique de l'anémie causée par une infestation parasitaire, une déficience alimentaire ou un état de choc.
- **De la rougeur** indique une maladie inflammatoire de la peau et des tissus sous-jacents.
- **Le bleuissement** indique des problèmes cardiaques, respiratoires ou un empoisonnement.
- **Une peau jaune** indique une jaunisse (dysfonctionnement du foie).

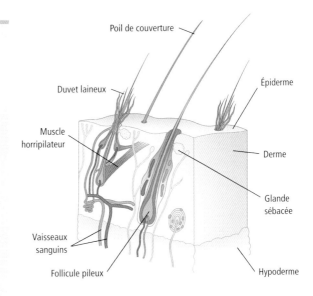

Poil de couverture

Duvet laineux

Muscle horripilateur

Vaisseaux sanguins

Follicule pileux

Épiderme

Derme

Glande sébacée

Hypoderme

Les sens

Les sens et le système nerveux du chien contribuent grandement à sa santé
et à son bien-être. Ses perceptions et ses réactions dépendent de ses sens ;
ses mouvements sont commandés par son système nerveux central (cerveau
et moelle épinière) ; ses modèles comportementaux sont régis par son
système endocrinien (glandes hormonales).

La vue

Le chien voit moins bien que nous le jour, mais mieux la nuit. Il distingue les couleurs mais moins distinctement que nous (il voit en pastel plus qu'en couleurs vives), et sa vision périphérique est meilleure que la nôtre. Il a, en plus des paupières supérieures et inférieures, une troisième paupière, la paupière nictitante, qui est une fine membrane enfouie dans le coin de l'œil. Son rôle consiste à retirer les poussières et les saletés de la surface de l'œil (cornée) en la balayant durant tout mouvement vers l'intérieur, et à garder l'œil humide et lubrifié. Les yeux servent aussi à communiquer – un regard fixe menace, un regard triste ou fuyant indique la soumission.

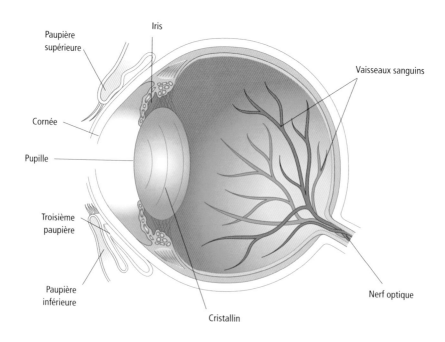

Paupière
supérieure

Iris

Vaisseaux sanguins

Cornée

Pupille

Troisième
paupière

Paupière
inférieure

Cristallin

Nerf optique

L'ouïe

L'ouïe du chien surpasse la nôtre de beaucoup. Il est par conséquent plus sensible aux sons que nous – notamment aux hautes fréquences que nous ne pouvons capter (d'où l'usage de sifflets «silencieux» pour chiens). Grâce à ses oreilles mobiles, le chien peut cibler l'origine du son. De plus, elles lui servent aussi à communiquer son agressivité (couchées vers l'arrière), son intérêt (dressées) et sa soumission (baissées).

L'odorat

Le principal sens du chien est l'odorat, essentiel tant à sa vie sexuelle qu'à la chasse. La zone olfactive du chien est 37 fois plus grande que la nôtre et approximativement 100 fois plus développée. Les régions du cerveau qui traitent les signaux en provenance du nez sont nettement supérieures, en taille et en complexité, chez le chien que chez nous.

Un organe spécial, situé au palais – organe voméronasal ou de Jacobson –, «goûte» certaines odeurs (comme celle émise par la chienne en chaleur) pour aider le chien à les analyser et à y réagir plus rapidement. Quand le chien utilise cet organe, il semble avaler des goulées d'air et les goûter.

Quand deux chiens se rencontrent, ils se sentent d'abord la gueule, puis la région inguinale. L'odeur joue un rôle significatif dans l'attribution du territoire. Un mâle qui urine sur un objet bien en vue masque délibérément l'odeur des chiens qui sont passés là et se proclame ainsi le maître de ce territoire. Les crottes servent aussi de marqueurs, les glandes anales libérant une substance nauséabonde propre à ce chien précis.

Le goût

Alors que nous avons, sur la langue, des papilles gustatives qui distinguent le sucré, l'acide, le salé et l'amer, le goût du chien

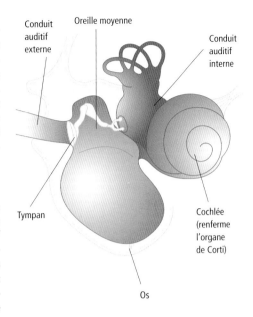

Conduit auditif externe — Oreille moyenne — Conduit auditif interne — Tympan — Os — Cochlée (renferme l'organe de Corti)

serait moins développé : environ au sixième du nôtre.

Le toucher

Après les avoir d'abord senties, le chien examine les choses avec son museau, sa bouche et ses pattes. La peau est le premier centre du toucher, et certaines races et types de chiens sont plus sensibles au toucher que d'autres. Le chien qui n'a pas été bien manipulé depuis son enfance n'aime guère qu'on approche les mains des parties sensibles de son corps – comme les pieds, la bouche, la tête, les oreilles, la queue et entre les pattes postérieures –, qui sont les plus vulnérables en cas d'attaque.

Les soins de santé de base

Pour vérifier l'état de santé de votre chien, il vous suffit de garder l'œil sur son attitude et de le soumettre à des examens médicaux réguliers.

Les examens quotidiens

Certains chiens, plus stoïques que d'autres, souffriront beaucoup avant que leur maître se rende compte que quelque chose ne va pas. C'est pourquoi il est important d'examiner votre chien chaque jour dans le but de dépister des bosses ou des zones douloureuses. Vérifiez s'il y a des corps étrangers ou des signes d'inflammation dans ses yeux et sa bouche, soyez attentif à tout changement d'humeur, d'appétit ou d'élimination. Voir p. 109, Examens de routine : guide-éclair.

La bouche et les dents

Le chien ne devrait pas avoir mauvaise haleine – si c'est le cas, il souffre peut-être de carie dentaire. La région buccale et la langue doivent être de couleur saumon – des gencives blanches sont signes d'anémie, sanguinolentes, elles indiquent de la gingivite, bleutées, elles suggèrent un problème circulatoire. Si votre chien rechigne à boire ou à manger, consultez le vétérinaire.

Le nez, les oreilles et les yeux

Le nez doit être propre, légèrement humide, sans accumulation de mucus. L'intérieur de l'oreille doit être propre, doux et sans odeur. Des oreilles qui sentent

> • Voir pp. 106-109, Les soins routiniers, pour prendre conseil sur le condition physique de votre chien, son humeur générale, ses habitudes d'élimination, et avoir une bonne idée des examens de routine périodiques.
> • Voir p. 99, La peau et le pelage, pour des indications sur la couleur de la peau.

mauvais ou qui sont sales doivent être examinées par le vétérinaire, car ce pourrait être le signe d'une infection.

Les yeux doivent être clairs, brillants et sans accumulation de mucus. Les chiens à

Si les oreilles de votre chien sentent mauvais ou sont sales, faites-les examiner, car ce sont là des signes d'infection.

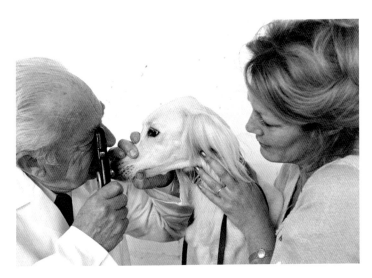

Demandez au vétérinaire de vérifier si votre chien a des cataractes ou une blessure aux yeux si vous avez noté que ses yeux sont voilés.

grosse tête souffrent souvent de mucosités, car la déformation de leur crâne empêche les larmes de s'écouler normalement. Les taches laissées par ces larmes peuvent être nettoyées avec du coton trempé dans de l'eau bouillie et refroidie ou avec une solution commerciale. Un regard voilé est signe de cataracte ou de blessure, il faut donc consulter le vétérinaire. Les pupilles doivent être de dilatation égale et la troisième paupière doit être rétractée.

Si l'intérieur des oreilles montre une accumulation de cire mais qu'il ne sent pas mauvais (auquel cas vous devrez consulter le vétérinaire), essuyez-le doucement avec du coton imbibé de quelques gouttes d'huile d'olive ou d'huile de paraffine liquide.

L'aisance des mouvements

La raideur indique habituellement des problèmes articulaires; le boitement indique une douleur directe, comme un membre fracturé, une blessure, une épine dans le pied, un ongle infecté. Si le chien hésite à se déplacer ou qu'il se plaint quand vous essayez de le bouger, il souffre peut-être d'une lésion ou d'un mal interne.

Les examens médicaux

Choisissez un vétérinaire qui se spécialise dans les chiens et les aime. Un maître qui soumet son chien à des examens réguliers et aux vaccins recommandés, et qui suit les directives en matière de contrôle des parasites et de soins dentaires est un client apprécié auquel le vétérinaire consacrera du temps. Tenez un journal de façon à pouvoir expliquer tout changement dans le comportement ou la santé de votre chien, ce qui aidera le vétérinaire à soigner adéquatement et rapidement votre chien, le cas échéant.

Plusieurs cliniques vétérinaires ont une pièce d'accueil où vous pouvez prendre rendez-vous, payer vos factures et demander des conseils. Certaines vendent du matériel, offrent des cours de socialisation et de contrôle du poids.

Si, pour n'importe quelle raison, vous souhaitez une seconde opinion, c'est votre droit. Aucun vétérinaire ne sait tout ce qu'il y a à savoir. Votre vétérinaire peut même vous proposer de consulter un autre spécialiste afin de traiter votre chien adéquatement.

Les parasites

Votre chien peut être l'hôte de plusieurs parasites, tant externes qu'internes, dont les puces, les mites, les poux, les champignons, les tiques et les vers, qui tous rendent malade. Les supermarchés et les animaleries proposent une vaste gamme de produits formulés pour éliminer ces parasites, mais ils ne sont pas aussi efficaces (ou faciles à utiliser) que ceux prescrits par le vétérinaire. Vous devrez aussi traiter les autres animaux de la maison et la maison elle-même, sinon vous subirez une nouvelle infestation. Nettoyez à l'aspirateur les tapis et les endroits où s'allonge souvent le chien et lavez sa couche chaque semaine pour détruire les œufs de puce.

Les vers intestinaux (les vers ronds et le ténia) sont traités plus efficacement à l'aide d'un traitement multifonction prescrit par le vétérinaire. Ce traitement est vendu sous forme de granules, de pilules, de liquides ou d'onguents.

ÉLIMINER LES PUCES ET LES TIQUES

On trouve dans les animaleries et chez le vétérinaire différents produits pour éliminer et prévenir les puces et les tiques, dont des aérosols (efficaces trois mois), des gouttes (efficaces un mois) et des pilules (efficaces un mois). Certains produits tuent à la fois les puces et les vers.

Les puces piquent le chien pour se nourrir de son sang. Ces piqûres démangent terriblement et peuvent causer des dermatites graves. Si votre chien se gratte constamment, examinez son pelage à la recherche de puces. Une bonne infestation de puces peut causer de l'anémie, un mal fatal si on ne le soigne pas.

Les tiques sont des parasites qui sucent le sang et causent des démangeaisons, des irritations, voire la paralysie dans certains pays. N'essayez jamais d'enlevez une tique en tirant dessus. Sa tête peut rester dans la peau et causer de l'infection. Une goutte d'alcool chirurgical (ou d'un produit qui tue les tiques) lui fera lâcher prise.

Administrer un médicament

Ne donnez que les médicaments prescrits ou conseillés par votre vétérinaire et selon ses directives.

Complétez le traitement, sinon il ne sera pas efficace. Non seulement gaspillerez-vous votre argent mais votre chien continuera de souffrir. Si vous ne réussissez pas à faire avaler le médicament par votre chien, demandez à votre vétérinaire de vous aider.

Les liquides

Utilisez une seringue (vous en trouverez chez votre vétérinaire), c'est plus facile. Insérez la canule dans le coin de la bouche et pressez le contenu petit à petit, en frottant la gorge de votre chien pour l'inciter à avaler.

Les pilules

Certains chiens les prennent directement de votre main ou enrobées de nourriture alléchante. Sinon :
- tenez fermement votre chien ;
- renversez-lui la tête ;
- ouvrez-lui la bouche ;
- laissez tomber la pilule dans le fond de sa gorge ;
- fermez-lui la bouche ;
- frottez sa gorge pour l'inciter à avaler.

Appliquer un traitement topique (externe)

N'utilisez que les traitements prescrits ou conseillés par votre vétérinaire et selon ses directives. Pour mettre des gouttes dans les yeux, immobilisez la tête du chien (ou demandez à quelqu'un d'autre de le faire) et versez les gouttes au centre de l'œil ou selon les directives du vétérinaire.

Vous apprécierez que votre chien soit habitué à se faire manipuler la bouche quand viendra le temps d'examiner ses gencives et ses dents.

Pour mettre des gouttes dans les oreilles, immobilisez la tête du chien, versez les gouttes selon les directives et massez doucement la base de l'oreille pour distribuer également le liquide sur la zone affectée. Appliquez les onguents sur les blessures en les massant doucement d'un doigt propre. En cas de zoonose, portez des gants de chirurgien et jetez-les en lieu sûr après chaque application.

Les vaccins

Tout comme les autres mammifères, le chien est sujet à des maladies virales, dont certaines sont mortelles. Bien qu'elles ne soient pas transmissibles à l'humain (sauf la rage), elles le sont à d'autres chiens, et aux chats dans le cas de la bactérie *Bordetella bronchiseptica* (Bb) (responsable de la toux de chenil). Il est préférable de faire vacciner le chien pour les raisons suivantes :
- prévenir les maladies mortelles ;
- prévenir la propagation des maladies ;
- éliminer les maladies virales canines ;
- vous permettre de laisser votre chien dans un chenil pendant vos vacances ;
- vous permettre de voyager hors frontière si nécessaire ;
- permettre à votre chien de participer à des concours et à des compétitions d'agilité.

Quand vacciner le chien

Les vaccins sont donnés par injection (celui contre la toux de chenil est vaporisé dans le nez ; il protège contre la Bb et la para-influenza, cette dernière protection se retrouvant aussi dans l'injection de rappel annuelle). Les chiots et les chiens qui n'ont jamais été vaccinés doivent recevoir une première série de vaccins à 2-4 semaines d'intervalle. La seconde dose ne peut être donnée à un chiot de moins de 10 semaines, mais la première peut être administrée dès qu'il a 6 semaines. Plusieurs vaccins sont habituellement combinés en une seule injection, soit ceux contre :
- la maladie de Carré (distemper ; D) ;
- l'adénovirus (CAV-2 ; hépatite ; H) ;
- le parvovirus (P) ;
- la para-influenza (Pi) ;
- la leptospirose (*L. canicola* et *L. icterohaemorrhagiae* ; L).

L'immunité contre la maladie de Carré et l'hépatite dure plus longtemps. Le programme de rappel en tient compte et ces vaccins sont donnés un an sur deux. Le vaccin contre la rage est donné séparément – automatiquement dans certaines régions, mais sur demande dans les endroits non atteints par la rage. Cependant, ce vaccin est nécessaire pour sortir le chien du pays.

Les soins routiniers

Le chien a besoin de l'aide de son maître pour vivre une vie heureuse, pleine et saine. Pour maintenir la santé physique et mentale de votre chien, vous devez lui prodiguer certains soins sur une base quotidienne, mensuelle ou annuelle.

La condition physique

Un chien qui consomme plus de calories qu'il n'en consume deviendra obèse, ce qui affectera sérieusement sa santé et raccourcira son espérance de vie. Demandez à l'éleveur ou au vétérinaire quel est le poids santé de votre chien et notez quand il s'en écarte parce que cela peut indiquer un problème de santé. Voir pp. 24-27, L'alimentation.

L'urine et les selles (élimination)

On doit vérifier si le chien :
• a de la difficulté à uriner ou à déféquer ;
• élimine de façon anormale, par exemple s'il se met à uriner et déféquer dans la maison alors qu'il est propre ;
• a constamment besoin d'éliminer, mais sans résultat satisfaisant ;
• a du sang dans ses selles ou son urine, ou a des selles très dures ou très molles ;
• élimine moins souvent que d'habitude ;
• a des vers dans ses selles (qui ressemblent à des grains de riz ou à des fils blancs).

Inquiétez-vous de tout changement dans ses habitudes d'élimination. Consultez le vétérinaire si le mal persiste plus de 24 heures. Si vous voyez des vers dans ses selles, administrez-lui un vermifuge.

L'humeur générale

Quand on connaît bien son chien, on note tout changement d'humeur et de comporte-

Le chien qui élimine avec effort souffre d'un problème digestif ou urinaire. Consultez le vétérinaire si le mal persiste plus de 24 heures.

On prend le pouls du chien en plaçant deux doigts sur l'artère fémorale qui se trouve sous la peau, sur la face interne de la cuisse.

ment. Un chien habituellement actif et plein d'entrain qui devient subitement déprimé est un chien qui se sent mal. Si d'autres signes de malaise s'ajoutent, faites-le examiner. Notez les symptômes pour en faire part au vétérinaire, ce qui peut l'aider à poser son diagnostic. Voir pp. 102-105, Les soins de santé de base.

Le dressage

Imposez toujours les mêmes règles de comportement à votre chien, sinon vous le plongerez dans la confusion. Utilisez toujours les mêmes directives vocales et gestuelles. Veillez à ce que les autres membres de la famille et les visiteurs se conforment à ces règles.

Les occasions spéciales

Les occasions spéciales, Noël et le Premier de l'an par exemple, sont dures pour le chien, et on doit alors s'en occuper avec plus d'attention. Le bruit et la foule peuvent le stresser, il risque de se rendre malade à manger des cochonneries. Les décorations et les arbres de Noël attirent les chiens curieux; il faut donc que l'arbre soit solide, les lumières munies d'un coupe-circuit et les babioles incassables.

Les chiens adorent les réceptions et il est normal que le vôtre soit de la partie comme tout membre de la famille. Mais quand vous sentez qu'il n'en peut plus de toute cette agitation, conduisez-le dans un endroit calme, remettez-lui un jouet farci et laissez-le se remettre.

Même si cela vous tente, ne le laissez pas manger de la nourriture inhabituelle pour lui, comme du gâteau, des friandises sucrées, du chocolat, car il aura mal au ven-tre. Mais n'hésitez pas à lui offrir son propre cadeau, un jouet ou des friandises, qu'il déballera comme tout le monde.

Les feux d'artifice sont de plus en plus populaires. La plupart des animaux en ont très peur. S'il y en a dans les environs, gardez votre chien à l'intérieur, et allumez la radio ou la télé pour couvrir le bruit. Si vous prévoyez en utiliser chez vous, enfermez votre chien dans la pièce la plus éloignée et optez pour des feux d'artifice le moins bruyants possible. Informez aussi vos voisins de façon qu'ils puissent prendre des mesures pour en éloigner leurs propres animaux.

Rappelez-vous que votre chien a besoin d'une attention spéciale quand il y a foule à la maison et qu'il s'excite trop.

EXAMENS DE ROUTINE : GUIDE-ÉCLAIR

FRÉQUENCE	À FAIRE
Chaque jour	• Nettoyer les bols d'eau et de nourriture. • Nourrir et donner de l'eau fraîche. • Contrôler les habitudes alimentaires. • Vérifier les habitudes d'élimination. • S'activer et s'amuser ensemble. • Brosser les chiens à poil long ou épais. • Vérifier si le collier va bien. • Chercher tout signe de blessure, de maladie, de bosse, de masse. • Faire des exercices de dressage. • Ramasser les crottes.
Chaque semaine	• Brosser les chiens à poil court. • Vérifier les oreilles (accumulation de cire ou touffes de poil). • Procéder à l'examen général des chiens âgés – signes vitaux. • S'assurer d'avoir assez de nourriture pour la semaine suivante. • Laver et désinfecter les écuelles avec un nettoyant spécial ou une solution saline, et rincer à fond. • Surveiller toute perte ou gain de poids. • Aller au cours de dressage (chiot ou jeune chien). • Brosser les dents.
Aux deux semaines	• Administrer un vermifuge complet au chiot – dès l'âge de 2 semaines puis chaque 15 jours jusqu'à ce qu'il ait 12 semaines. Se procurer le vermifuge chez le vétérinaire et se renseigner sur le dosage. • Aller au cours de dressage (chien adulte) pour préserver les acquis et résoudre ou prévenir les problèmes de comportement ou d'obéissance.
Chaque mois	• Traiter contre les puces – demander conseil au vétérinaire (voir p. 104, Les parasites, et Éliminer les puces et les tiques). • Procéder à un examen général et surveiller les signes vitaux.
Aux trois mois	• Administrer un vermifuge complet (chien de 12 semaines et plus). Se procurer le vermifuge chez le vétérinaire et se renseigner sur le dosage.
Aux six mois	• Faire examiner les chiens âgés par le vétérinaire.
Chaque année	• Faire administrer les vaccins de rappel et examiner le chien par le vétérinaire.

La stérilisation

Si vous souhaitez que votre chien se reproduise, vous devrez décider si vous voulez uniquement des chiots ou mettre sur pied un véritable élevage. Mais si votre chien ne doit servir qu'à vous tenir compagnie, il est préférable de le faire stériliser.

Pourquoi la stérilisation est conseillée

Le désir de se reproduire est intense chez le chien mature non stérilisé. Il aura tendance à vagabonder, s'il en a l'occasion, dans l'espoir de trouver une partenaire, risquant ainsi de se faire frapper par un véhicule ou ramasser par un inconnu qui le pensera abandonné.

Une chienne non stérilisée sera en chaleur deux fois par an (une fois par an chez certaines races comme le Basenji). On doit la surveiller étroitement pendant cette période, car elle ne pense qu'à s'échapper et se trouver un partenaire.

Quand faire stériliser

On doit procéder à la stérilisation (hystérectomie chez la femelle et castration chez le mâle) quand le chien atteint la maturité sexuelle, soit autour de six mois, ou n'importe quand passé cet âge. Les pratiques varient en ce qui a trait à l'hystérectomie. Certains vétérinaires préfèrent attendre après les premières chaleurs (soit autour de 9 mois) pour réduire au minimum l'incidence d'incontinence urinaire subséquente. D'autres laissent passer trois mois après les chaleurs avant d'opérer. En effet, les organes reproducteurs sont plus gros et plus

L'HYSTÉRECTOMIE ET LA CASTRATION

L'HYSTÉRECTOMIE

Avant l'hystérectomie, les organes reproducteurs de la femelle comprennent les ovaires, les trompes de Fallope et l'utérus.

Après, les ovaires, les trompes de Fallope et l'utérus ont été retirés.

LA CASTRATION

Avant la castration, les organes reproducteurs du mâle comprennent les deux testicules dans le scrotum, reliés au pénis par les canaux déférents (cordons spermatiques).

Après, les testicules et une partie des canaux déférents ont été retirés.

fortement irrigués par le sang pendant les chaleurs et les semaines qui suivent, ce qui représente un risque durant la chirurgie.

Ce que cela implique

Comme l'intervention est plus complexe chez les femelles, elle est aussi plus coûteuse.

La femelle

On retire les ovaires, les trompes de Fallope et l'utérus sous anesthésie générale. On rase et désinfecte la zone à opérer pour prévenir les infections, et on pratique une petite incision, à mi-chemin entre le nombril et les pattes postérieures, par laquelle on prélève les organes. On referme la plaie avec des sutures qui seront enlevées de 10 à 14 jours plus tard, à moins qu'on utilise des points fondants qui disparaîtront d'eux-mêmes.

Le mâle

On retire, sous anesthésie, les testicules et une partie des cordons spermatiques par une petite incision dans le scrotum qui sera suturée comme chez la femelle.

Les soins pré et post-opératoires

Le chien ne doit ni manger ni boire 12 heures avant l'intervention. La plupart des chiens récupèrent en 3 jours, les chiennes en 4, et redeviennent eux-mêmes au moment où les points sont retirés. À son retour de l'opération, le chien sera probablement hébété en raison de l'anesthésie. Mettez-le dans un endroit chaud et tranquille, avec un peu d'eau et un repas léger de poisson ou de poulet, et laissez-le se reposer jusqu'à ce qu'il revienne, de lui-même, se mêler à la maisonnée. Empêchez-le doucement de mordiller ou de lécher les points (au besoin, enfilez-lui un collier élisabethain).

Le comportement subséquent

Si le chien a été stérilisé très jeune, il ne changera pas de comportement – du moins du point de vue de son maître parce que les chiens des deux sexes auront tendance à être plus affectueux. Il est vrai qu'avec l'âge, le chien stérilisé devient moins actif que le chien non stérilisé (bien que son espérance de vie soit supérieure), car il a tendance à prendre du poids). On doit ajuster son régime alimentaire et veiller à ce qu'il fasse assez d'exercice. Il arrive que la femelle devienne incontinente, mais il est possible de traiter ce problème avec des médicaments. L'hystérectomie réduit l'incidence de tumeur au sein.

La contraception

On peut imposer à la chienne un traitement hormonal qui préviendra la grossesse, mais il y a des effets secondaires sérieux comme le développement d'une pyométrite, une infection de l'utérus parfois mortelle. En plus, ce n'est pas totalement efficace. Des médicaments contraceptifs peuvent toutefois être employés si l'accouplement a déjà eu lieu.

La castration chimique (avec des médicaments anti-testostérone) est offerte au mâle, mais elle non plus n'est pas totalement efficace, et le chien continuera à pouvoir et à vouloir s'accoupler. Parmi les effets secondaires, mentionnons une augmentation de l'appétit et un changement de la pigmentation des poils au site de l'injection. La castration physique demeure la meilleure solution.

La politique en matière de stérilisation

Nombre des plus importants organismes de refuge stérilisent automatiquement les animaux. Ils sont en effet bien placés pour constater qu'il y a trop d'animaux de compagnie et pas assez de bons foyers, ce qui a des conséquences tragiques. En stérilisant les chiens qui passent par chez eux, ils les empêchent de se reproduire et de perpétuer cette tragédie.

La reproduction

Comme la survie de l'espèce dépend de la reproduction, la grossesse et l'accouchement sont les choses les plus naturelles au monde. Une chienne en santé peut donner deux portées par an.

Les chaleurs

Les chiennes ne s'accouplent que lorsqu'elles sont en chaleur. Elles n'ont qu'une ovulation au cours de la période (habituellement deux fois par an pour une durée de 21 jours) durant laquelle elles acceptent l'accouplement ; cela se passe de 10 à 14 jours après le début des chaleurs, une fois que des pertes vaginales claires ont remplacé les pertes sanguines.

Prendre soin d'une chienne enceinte

La gestation dure environ 9 semaines (63 jours). À part d'améliorer son régime ordinaire avec une alimentation formulée pour chiennes enceintes, traitez-la normalement. Plus elle s'arrondira, plus elle répugnera à s'exciter. Ne l'encouragez pas à courir ni à sauter. Si elle devient constipée, remplacez l'un des ses repas quotidiens par des aliments huileux, comme des sardines.

Préparez une chambre d'accouchement (un lieu ou une boîte) dans un endroit tranquille. Couvrez le fond de papier journal et ajoutez par-dessus une couche épaisse d'essuie-tout ou de tissu matelassé lavable. Montrez cet aménagement à la chienne, qui toutefois le dédaignera peut-être au profit de l'endroit de son choix. Coupez le poil autour des mamelons et du vagin des chiennes à poil long. Épongez sa région anale deux fois par jour si elle est trop ronde pour faire sa toilette elle-même. Assurez-

vous qu'elle n'a ni puces ni vers avant et après la naissance – demandez au vétérinaire quel est le traitement approprié.

Le travail et la mise bas

Quand le travail se déclenche, la chienne va et vient en geignant et en haletant, elle regarde derrière elle avec agitation et étonnement. De la glaire, semblable à du mucus, s'écoulera de son vagin et elle la lèchera et se nettoiera. Elle refusera probablement de manger. Cette étape dure de 24 à 48 heures.

Au moment de la mise bas, la chienne se rend à son nid, s'allonge sur le flanc et se tend, alors que les contractions poussent les chiots, à tour de rôle, vers la sortie. Les chiots naissent habituellement à intervalles de 20 à 60 minutes.

Quand le chiot naît, la chienne le lèche pour le dépouiller des membranes qui l'en-

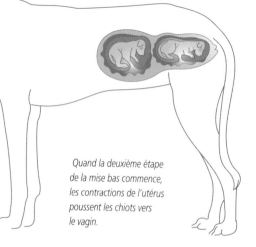

Quand la deuxième étape de la mise bas commence, les contractions de l'utérus poussent les chiots vers le vagin.

veloppent et le stimuler à respirer. Puis le placenta sort et la chienne le mange. Elle sectionne le cordon près du corps du chiot.

Une fois que tous le chiots sont nés, la chienne se nettoie, puis se couche enroulée autour de ses chiots pour les allaiter et se reposer. Si elle sort faire ses besoins, profitez-en pour enlever la couche souillée et vérifier de l'œil si les chiots semblent en santé et à l'aise. Ne les touchez pas avant 2 ou 3 jours, surtout si la chienne en est à sa première portée.

Les problèmes de mise bas

Si la chienne a des contractions depuis plus d'une heure sans résultats, appelez le vétérinaire pour savoir que faire.

Il arrive que les chiots ne survivent pas. Si la chienne paraît désemparée, communiquez avec le vétérinaire : elle a peut-être besoin d'un médicament pour supprimer la production de lait et prévenir les mammites. Parmi les autres problèmes qui peuvent se produire durant la gestation ou après la mise bas et qui requièrent l'intervention du vétérinaire, mentionnons :

• la fausse-couche causée par une maladie de la chienne ou des fœtus ;
• l'infection utérine suivant la mise bas, caractérisée par une forte fièvre, des vomissements, la perte d'appétit et des écoulements vaginaux foncés et souvent nauséabonds ;
• la descente de l'utérus indiquée par la présence d'une masse rouge et enflée sortant de la vulve.

Prendre soin de la mère

Durant la mise bas, soutenez la chienne avec un peu d'eau et de glucose. Après la naissance, elle aura faim et appréciera un repas léger d'œuf et de lait, ou un bouillon de viande avec des céréales. Elle va manger et boire plus que de coutume pour maintenir sa production de lait. Multipliez sa ration de nourriture par trois, répartie en trois ou quatre repas par jour. Son alimentation doit être riche en calcium, protéines, vitamines et minéraux pour satisfaire aux besoins de son corps pendant l'allaitement, et elle a besoin d'un apport constant et abondant en eau fraîche et propre.

La mammite

La mammite est causée par une infection bactérienne. Les tétines de la chienne sont alors dures et chaudes, elles donnent un lait sanguinolent ou d'apparence anormale. La chienne perd ses couleurs et l'appétit, elle vomit parfois. Téléphonez au vétérinaire, qui lui prescrira un traitement et vous expliquera comment vider les mamelles et nourrir les chiots au besoin.

Le sevrage

À trois ou quatre semaines, les chiots commencent à sortir du giron maternel et à laper de la nourriture liquide pour en arriver, peu à peu, à manger des aliments solides à quatre ou cinq semaines. Les formules alimentaires pour chiots leur apportent tous les nutriments dont ils ont besoin. Pour amener les chiots à manger du solide, commencez par une assiette de lait tiède. Passez votre doigt trempé dans le lait, sur leur museau, ou plongez doucement leur nez dedans pour les inciter à laper. Si ça ne marche pas, recommencez le lendemain. Quand ils acceptent de laper le lait, ajoutez-y des céréales – laissez-les fondre dedans avant. Puis progressez vers une formule pour chiots. Mettez la nourriture dans des assiettes pour qu'ils puissent y avoir accès facilement. Leurs déjections vont changer, ce qui signifie qu'il est temps d'étendre du papier journal.

Les chiennes sèvrent leurs chiots naturellement au bout de cinq à six semaines quand leur lait se tarit. À cet âge, les chiots devraient être totalement sevrés et habitués à la nourriture solide. À huit semaines, ils ne dépendent plus de leur mère pour leur alimentation et leur toilette, et ils sont prêts à être adoptés.

Les étapes de la croissance

Le nouveau-né

Il dépend totalement de sa mère et de son lait pour les 3 premières semaines. Ensuite, il commence à manger la nourriture que sa mère lui rapporte sous forme de proie ou que les humains lui fournissent. La mère nettoie consciencieusement son petit qui autrement pourrait tomber malade et mourir. Elle continue à le laver jusqu'à ce qu'il sache le faire lui-même. Elle l'incite aussi à se soulager en léchant son arrière-train.

2-3 semaines

À 2 semaines, le chiot commence à frayer avec les humains. La mère accepte qu'on touche à ses bébés. Les dents du chiot percent, et il apprend à marcher et à laper de la nourriture liquide comme du lait ou du gruau. Il réussit à uriner et à déféquer sans l'aide de sa mère, et commence à sentir et à entendre.

4-5 semaines

La mère commence à discipliner le chiot. Elle gronde, habituellement pour l'empêcher de téter. À 4 semaines, le chiot voit mieux, il se tient debout et trottine sur ses pattes courtes et vacillantes. Il est capable de rouler sur lui-même et de se redresser, de jouer avec ses frères et sœurs et de transporter des objets dans sa gueule. À 5 semaines, il déambule avec assurance, court un peu et conserve son équilibre.

6 semaines

Son visage et ses oreilles traduisent bien ses expressions, il entend et il voit pleinement. Les jeux de domination et de hiérarchie commencent entre les chiots. Il est temps pour lui de manger de la nourriture pour chiots et il ne dépend plus exclusivement du lait de sa mère. En effet, celle-ci allaitera de moins en moins, ses petits, car leurs dents de lait sont très acérées (voir p. 28, Alimentation et âge). C'est l'âge des premiers vaccins.

7-19 semaines

À 10 semaines, il reçoit sa seconde série de vaccins. Il est totalement sevré et bien socialisé avec les humains; et, idéalement, avec les autres animaux. Il est prêt à partir vers son nouveau foyer où son éducation se poursuivra. Il est temps pour vous de lui apprendre à être propre, à reconnaître son nom et à être tenu en laisse.

Jeune chien (12 semaines à 6 mois)

Le chiot est désireux de plaire à son maître. Ses dents poussent et il a tendance à tout mordiller, aussi faut-il lui donner des jouets sur lesquels il pourra se faire les dents. On doit lui enseigner à ne pas mordre les gens. Il doit aussi apprendre qu'il occupe le dernier rang de la famille, sinon il essayera de jouer au chef. L'entraînement aux bonnes manières et à l'obéissance doit avoir lieu sur une base régulière – plus le chiot vieillit, plus sa concentration et son aptitude à apprendre se développent.

Adolescent (6-18 mois)

Le chiot devient plus indépendant. Il va sans doute défier l'autorité. Le chien atteint la maturité sexuelle. Les femelles ont leurs premières chaleurs et leur comportement change en conséquence. Les mâles subissent des fluctuations hormonales importantes. La notion de territoire se développe. C'est la période la plus difficile pour le maître, celle où plusieurs propriétaires se défont de leur chien. Si, grâce à vous, l'éducation et le comportement de votre chien s'appuient sur des bases solides, son adolescence sera moins dure pour tout le monde.

Adulte (plus de 18 mois)

Le chien est désormais mature, à peu de choses près. Son caractère est formé, bien qu'il évoluera encore jusqu'à l'âge de 3 ans. On doit peaufiner et renforcer l'éducation, mais si vous avez bien travaillé, vous allez pouvoir respirer et bénéficier pendant plusieurs années de la compagnie agréable d'un chien équilibré, sociable et obéissant.

Les premiers soins

Les accidents sont imprévisibles, aussi doit-on être toujours prêt à y faire face. Il est utile, même essentiel, d'avoir quelques connaissances de base en secourisme. En effet, en cas d'urgence, vous devrez réagir promptement et adéquatement pour limiter les dommages, voire sauver la vie de votre chien.

La formation en secourisme

Le fait d'avoir une formation de base vous donnera l'assurance nécessaire pour faire face à une situation d'urgence calmement et efficacement jusqu'à ce qu'un professionnel prenne la relève. Certaines cliniques vétérinaires donnent de telles formations.

L'ABC du secourisme

Voici l'ABC du secourisme : dégager les voies respiratoires, vérifier la respiration, vérifier la circulation. En effet, vous devez d'abord vous assurer que les voies respiratoires du chien sont libres afin qu'il puisse respirer et que son sang puisse circuler correctement (si son cœur bat). Cela fait, vous pouvez alors traiter les autres symptômes.

Les voies respiratoires et la respiration

Si le chien est inconscient, vérifiez s'il respire. S'il ne respire pas ou peu et que sa langue est bleu foncé, ouvrez-lui la gueule et retirez tout ce qui bloque sa respiration. Relevez doucement son menton pour étirer son cou de façon à dégager les voies respiratoires. S'il ne respire toujours pas, donnez-lui la respiration artificielle :
• tenez sa gueule fermée et couvrez son museau de votre bouche ;
• insufflez doucement de l'air dans ses narines – 30 fois par minute (retirez votre bouche de son museau entre chaque souffle pour lui permettre d'expirer) ;
• si le chien est petit, vous pouvez essayer cette autre méthode : tenez-le par ses pattes arrière, gardez les bras tendus et balancez-le de gauche à droite. Cette manœuvre fait porter le poids des organes sur le diaphragme puis l'en éloigne, ce qui incite les poumons à se remplir et à se vider d'air. **Attention :** n'appliquez jamais cette méthode si vous soupçonnez que le chien a une blessure qui pourrait en être aggravée ;
• continuez la respiration artificielle jusqu'à ce que le chien respire de lui-même, que le vétérinaire arrive ou que vous pensiez qu'il n'y a plus rien à faire.

Le cœur

Vérifiez ensuite si le cœur bat. Posez votre oreille sur le côté gauche de la poitrine du chien, juste derrière son coude, et vous devriez l'entendre. Vérifiez aussi s'il y a un pouls – posez vos doigts à la place de votre oreille ou à l'intérieur de la cuisse, sur l'aine. Si le cœur ne bat pas, appliquez la méthode de réanimation suivante – la technique varie selon la taille de l'animal.
• Pour les petits chiens, pressez la poitrine avec vos mains. Placez une main de chaque côté de la poitrine, juste sous les coudes, pressez doucement puis relâchez, au rythme de deux compressions par seconde. Utilisez le plat de la main, pas les doigts. Ne pressez pas avec trop de force, car les côtes sont fragiles.
• Pour les chiens plus grands, posez les deux mains sur le côté gauche du chien, à peu près à la hauteur de ses coudes. Pressez

La trousse de premiers soins

Vous trouverez ce qu'il vous faut chez le vétérinaire, à la pharmacie ou dans une bonne animalerie. La trousse doit contenir les articles suivants :

alcool chirurgical pour enlever les tiques
antihistaminique pour soulager les piqûres d'insecte
bain stérile pour les yeux ou solution saline pour verres de contact
bâton styptique pour coaguler le sang provenant de petites coupures ou des griffes ; ça pique, donc muselez le chien avant
boules de coton
compresses de coton propres pour les blessures
ciseaux incurvés à bouts ronds
collier élisabethain
coton hydrophile
couverture de survie ou **grande feuille de papier à bulles**
gants chirurgicaux
gants de protection épais

gelée lubrifiante ou **vaseline** pour lubrifier le thermomètre
glucose en poudre pour préparer un liquide réhydratant
kaolin contre la diarrhée
lampe de poche et piles
lotion antiseptique pour nettoyer les blessures
muselière – de préférence en corbeille
pansements
pansements adhésifs
compresses non adhésives utiles pour les coupures
papier absorbant (essuie-tout)
petits bols en acier inoxydable ou plastique
pince à ongles à guillotine
pince à épiler à bouts ronds
poudre antiseptique pour les blessures
sel de table pour préparer une solution saline
seringue pour administrer les médicaments liquides
sparadrap chirurgical
thermomètre rectal ou auriculaire – numérique, plus facile à utiliser

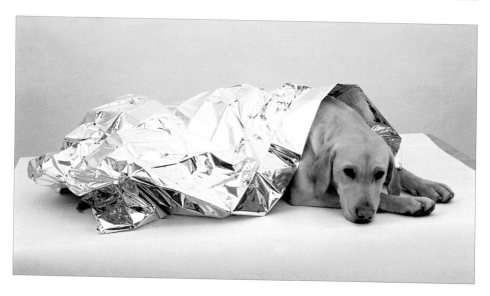

fermement puis relâchez, au rythme de deux compressions par seconde.

Dans les deux cas, donnez deux respirations au chien après quatre compressions. Vérifiez si le cœur bat tout au long du massage cardiaque.

Déplacer et soulever un chien blessé

Ne bougez pas un chien blessé sauf si vous y êtes obligé, car cela pourrait aggraver ses blessures. Si vous le devez, voyez à la p. 59 comment vous y prendre. Vous aurez peut-être besoin d'aide pour déplacer sans danger un chien de grande taille. Si vous êtes seul, roulez-le ou traînez-le doucement sur une couverture que vous pourrez ensuite tirer en lieu sûr. Au besoin, muselez le chien avant.

Il est plus facile de contenir, d'examiner et de traiter un chien qui se trouve à notre hauteur. Donc, si possible, déposez-le sur une table ou un banc – recouvrez-le pour l'empêcher de glisser et de paniquer. Retenez-le doucement mais fermement en enroulant votre bras autour de son épaule et de sa poitrine, le temps d'évaluer la situation et de lui prodiguer les soins adéquats.

En attendant les soins du vétérinaire, couvrez le chien blessé ou malade d'une couverture ordinaire ou thermale, ou d'une serviette, pour le garder au chaud et prévenir l'état de choc.

Les premiers soins de base

Les blessures les plus courantes se produisent quand le chien ou le chiot vaque à ses occupations coutumières. Voici comment les traiter.

Les brûlures

Refroidissez la brûlure à l'eau glacée (si possible, mettez le chien dans la baignoire ou l'évier et faites couler de l'eau froide sur la brûlure pendant environ 10 minutes) pour réduire la douleur et la gravité de la blessure. Recouvrez ensuite la brûlure d'un linge propre, frais et humide, enveloppez le chien d'une couverture thermale et conduisez-le chez le vétérinaire.

Les brûlures chimiques

Muselez le chien pour l'empêcher de lécher la zone atteinte. Enfilez des gants de caoutchouc et lavez la zone sous l'eau froide courante, soit en mettant le chien dans la baignoire ou l'évier, soit en le rinçant à l'aide d'un boyau d'arrosage. Suivez les directives données pour les brûlures.

Les coups de soleil

Traitez-les comme les brûlures.

L'empoisonnement

Si vous soupçonnez que votre chien s'est empoisonné (en général il salive abondamment mais s'il a avalé de la mort-aux-rats, il aura sommeil), communiquez immédiatement avec le vétérinaire afin qu'il ait le temps d'obtenir des renseignements utiles auprès du fabricant du produit incriminé avant votre arrivée.

Seulement si votre vétérinaire vous l'a conseillé, faites vomir le chien en plaçant quelques cristaux de soude sur le fond de sa langue. Vous pouvez aussi utiliser de la moutarde ou du sel dilué dans un peu d'eau. Conduisez le chien à la clinique le plus vite possible.

Les fractures

Les symptômes – mis à part l'os qui ressort sous ou de la peau – sont les suivants : le chien a très mal quand il s'appuie sur le membre blessé, il ne le maîtrise plus et ses mouvements ne sont pas naturels ; le membre est enflé, douloureux, déformé ; il y a la sensation (ou le bruit) de deux bouts d'os se frottant l'un contre l'autre (crépitation). Il faut garder le chien immobile et au chaud, et communiquer avec le vétérinaire.

Il serait préférable de soutenir le membre blessé avec des bandages ou des attelles, mais uniquement si vous savez comment vous y prendre.

L'électrocution (choc électrique)

Dès que la source d'électricité a été coupée, vérifiez si le chien respire – si non, commencez la réanimation (voir p. 116). Si vous ne pouvez couper la source d'électricité, n'approchez pas du chien. L'électrocution va presque toujours causer des brûlures, donc traitez-les tel qu'il est indiqué à la p. 118.

Les piqûres et morsures d'insectes

Le chien va glapir et gratter la piqûre. S'il a été piqué à la gorge, consultez immédiatement le vétérinaire. S'il a été piqué ailleurs, coupez le poil autour de la lésion et lavez-la avec une solution saline. L'abeille laisse son dard, la guêpe non. Si vous voyez le dard et pensez pouvoir le retirer, faites-le à l'aide d'une pince à épiler, puis tamponnez la piqûre avec de la ouate imbibée d'alcool chirurgical. Apaisez la piqûre de guêpe avec du vinaigre et la piqûre d'abeille avec du bicarbonate de soude. Asséchez, sans frotter, puis appliquez une compresse humide. Pour les piqûres des autres insectes, nettoyez et asséchez la piqûre, puis appliquez de l'antihistaminique en vaporisateur ou en crème.

Les morsures

Les trois animaux qui risquent le plus de mordre le chien sont un autre chien, le rat et le serpent.

• **Les morsures de chien.** Coupez les poils autour de la blessure et nettoyez la plaie avec une solution saline puis une lotion antiseptique diluée. Asséchez, puis appliquez une généreuse dose d'antiseptique en poudre. Répétez deux fois par jour.

• **Les morsures de rat.** Elles sont très dangereuses, car le rat porte plusieurs maladies dangereuses. Traitez-les comme les morsures de chien, puis conduisez votre chien chez le vétérinaire qui jugera s'il doit faire une injection d'antibiotiques et prescrire un désinfectant en poudre.

• **Les morsures de serpent.** Empêchez votre chien de courir et de bouger, et précipitez-vous à la clinique.

Le chien qui boite est incapable de se déplacer ou de marcher normalement.

La noyade

Dès que le chien est sorti de l'eau, tenez-le tête en bas (ou soulevez son bassin si le chien est grand) pour vider ses poumons. Puis étendez-le à plat et frottez-lui vigoureusement le corps afin de déclencher la respiration. S'il ne respire pas, commencez la respiration artificielle et faites venir un vétérinaire au plus vite.

Les corps étrangers

La plupart du temps, il est préférable de laisser le vétérinaire les retirer. Si le chien se frotte, empêchez-le doucement de le faire jusqu'à ce que le vétérinaire intervienne afin de prévenir l'aggravation des dommages. S'il y a des brins d'herbe dans l'œil, douchez-les avec une seringue remplie de solution saline. Il est assez facile de retirer les épines, mais vérifiez si la pointe ne s'est pas brisée dans la plaie, auquel cas le vétérinaire devra intervenir.

L'étouffement

Il faut agir vite. Tenez le chien fermement, ouvrez-lui la gueule et vérifiez s'il y a un corps étranger. Si c'est le cas, retirez-le, mais en prenant le plus grand soin de ne pas l'enfoncer encore plus dans la gorge et, ainsi, aggraver la situation. Si possible, demandez à quelqu'un de tenir la gueule du chien ouverte pendant que vous ôtez le corps étranger. Si celui-ci est coincé, n'essayez pas de l'enlever. Assoyez-vous, prenez les pattes arrière du chien, soulevez-les et tenez-les entre vos genoux. Placez une main de chaque côté de la poitrine et pressez par saccades pour faire tousser le chien. Pressez 5 à 6 fois, et le chien devrait tousser et rejeter le corps étranger. Laissez le chien se reposer, puis conduisez-le chez le vétérinaire. Si le corps étranger ne sort pas, rendez-vous d'urgence chez le vétérinaire.

Les attaques et convulsions

N'essayez pas de contenir un chien qui fait une crise. Dégagez l'espace autour de lui afin qu'il ne se blesse sur rien et faites appel à un vétérinaire d'urgence, car une attaque peut être fatale.

Le boitillement

Si votre chien se met tout à coup à boiter, s'il est incapable de marcher ou de s'appuyer sur l'une ou plusieurs de ses jambes, vérifiez s'il y a une blessure, une fracture ou un corps étranger. Immobilisez-le jusqu'à ce que le vétérinaire l'examine.

L'état de choc

L'état de choc met la vie du chien en danger. Il est provoqué par une chute brutale de pression après un accident, une blessure, une maladie ou une peur intense. Les signes sont : peau froide, lèvres et gencives pâles ; pouls léger et rapide ; regard fixe et aveugle. Gardez le chien tranquille, réchauffez-le dans une couverture thermale et activez la circulation sanguine en lui massant doucement mais fermement le corps tout en faisant attention de ne pas aggraver ses blessures. Consultez un vétérinaire au plus vite.

Les saignements

La plupart des coupures guériront d'elles-mêmes assez rapidement. Nettoyez-les avec de la ouate imbibée de solution saline. Le saignement initial, qui peut être profus, charrie les débris hors de la plaie et diminue le risque d'infection. Voyez le vétérinaire au plus vite si :
• du sang rouge vif (artériel) jaillit par à-coups de la plaie ;
• un flot constant de sang rouge foncé ne cesse de couler ;
• la blessure est profonde et assez grave pour nécessiter des sutures ;
• vous pensez qu'il s'agit d'une blessure par balle ;

AVANT DE TRAITER UNE BLESSURE

Taillez les poils autour de la lésion à l'aide de ciseaux incurvés à bouts ronds que vous aurez trempés dans de l'eau, de préférence bouillie et refroidie. Ainsi, les poils adhéreront aux lames mouillées au lieu de tomber dans la plaie. Trempez de nouveau les lames dans l'eau pour vous débarrasser des poils.

• la peau a été transpercée – ces blessures semblent anodines en surface mais elle peuvent être profondes et par conséquent sujettes aux infections. N'essayez pas de retirer le corps étranger de la blessure, car cela pourrait l'aggraver et provoquer un saignement important ;
• la blessure touche les orteils ou un membre, car il peut alors s'agir d'une blessure au tendon.

Si la blessure est mineure, appliquez une compresse de coton propre et humide directement sur la plaie et pressez doucement pour faire cesser le saignement, puis nettoyez-la. En cas de saignement artériel ou de saignement veineux abondant, ne pressez pas directement sur la blessure, mais plutôt sur l'artère ou la veine appropriée, si vous pouvez l'identifier, du côté du cœur. Si possible, élevez la blessure plus haut que le cœur pour freiner le flot sanguin.

Les lésions internes

Elles se manifestent par un gonflement du ventre, par du sang qui sort de la bouche, du nez, des oreilles, des yeux, des organes sexuels ou de l'anus ; par de l'urine ou des selles sanguinolentes, un état de choc et des bleus sur la peau. Consultez un vétérinaire immédiatement.

Le chien âgé

Le chien âgé, s'il est en santé, peut être un compagnon aussi agréable qu'un chiot. Ses réactions ne sont sans doute pas aussi vives, ses mouvements aussi rapides, son agilité aussi grande, mais vous aurez autant de plaisir à être ensemble que lorsqu'il était plus jeune. Et même s'il reste tranquille et ne demande pas grand-chose, il ne faut pas le négliger pour autant.

Les signes de vieillissement

On voit que le chien vieillit quand il commence à ralentir, à passer plus de temps à dormir, à bouger moins aisément, et, parfois, à entendre et voir moins bien. Les chiens à poil noir grisonnent, mais seulement autour du museau ou des yeux.

À cause de leurs dents usées ou en mauvais état et de leurs gencives enflées, les chiens âgés trouvent la nourriture tendre, humide ou semi-humide plus facile à manger.

Le mode de vie

Il faut tout faire pour que le chien âgé se sente aussi bien que possible. S'il souffre d'une maladie chronique ou mentale, cela aura des répercussions sur son comportement. Par exemple, un chien qui était propre peut commencer à avoir des « accidents ». Dans ce cas, gardez votre chien dans des pièces de la maison où cela a peu d'importance, mais sans l'isoler ni le priver de la famille, ce qui serait injuste et stressant pour lui.

Si votre chien a été actif toute sa vie et qu'il est en forme, continuez à lui faire faire de l'exercice. Il vous le manifestera quand il en aura assez, et si vous êtes attentif à ses besoins, vous saurez quand et jusqu'à quel point ralentir. Le fait que sa vue ou son ouïe baisse ne l'empêchera pas de jouir de la vie mais vous obligera, vous, à adapter vos signaux pour qu'il puisse les comprendre : taper des mains aide un chien aveugle, les signaux visuels dirigent un chien sourd.

L'alimentation

Les préparations commerciales formulées expressément pour les chiens âgés renferment tous les nutriments dont ils ont besoin pour rester en forme et pour souffrir le moins et le plus tard possible des conséquences inévitables du vieillissement, comme la sénilité. Le chien âgé ayant souvent le foie malade, optez pour une alimentation faible en protéines. Demandez au vétérinaire quelle est la meilleure nourriture pour votre chien. Le chien âgé ne se défend plus aussi bien ; si vous avez d'autres chiens, veillez à ce qu'ils ne lui volent pas ses repas, quitte à les séparer, au besoin, pendant qu'ils mangent.

Les maux courants

Malgré les bons soins de son maître et du vétérinaire, le corps du chien subit inévitablement les contrecoups du vieillissement. Quand il atteint 7 ans (ou 5 ans s'il est de race géante), faites-le examiner deux fois par an par le vétérinaire de façon que les problèmes soient décelés et traités précocement. Le chien âgé est sujet :

• aux maladies du foie ;
• aux raideurs articulaires et à l'arthrite ;
• aux affections du poil et de la peau ;
• à la constipation parce qu'il digère moins bien ;
• aux problèmes de dents et de gencives ;
• aux blessures parce qu'il est moins agile ;
• aux problèmes dus au froid parce qu'il régule moins bien sa température corporelle ;
• à l'incontinence ;
• à la sénilité ;
• aux problèmes de l'ouïe et de la vue ;
• aux problèmes associés à l'obésité ;
• à la perte d'appétit ;
• aux maladies cardiaques.

Demandez au vétérinaire de vous renseigner sur tous ces maux. Plus tôt vous y ferez face, meilleur sera le pronostic.

La compagnie

Certains maîtres pensent à adopter un chiot quand le chien de la maison prend de l'âge. L'idée est bonne ou mauvaise, selon le tempérament du chien âgé. S'il aime le chiot, cela peut lui donner un regain de vie. Mais s'il ne l'aime pas ou ne supporte pas son enjouement, il peut le prendre en grippe, déprimer, se retirer, cesser de manger et tomber malade. Si le chien âgé est le seul chien de la maison, qu'il est de nature solitaire, abstenez-vous d'adopter un autre chien ou un chiot.

Le temps des adieux

Avec le temps, le chien âgé dort de plus en plus et répugne à faire de l'exercice. Tant qu'il est capable de fonctionner normalement, il est probablement heureux. Si sa vessie, ses intestins et ses membres le laissent tomber et qu'il est incapable de fonctionner sans souffrir mentalement ou physiquement, parlez-en avec votre vétérinaire, car si le mal est intraitable, il serait plus humain de mettre un terme à sa vie en lui permettant de mourir sans douleur et dans la dignité (voir pp. 124-125, Le deuil et l'euthanasie).

Si votre chien âgé a de plus en plus besoin de votre compagnie, donnez-lui beaucoup d'attention et réconfortez-le abondamment.

Le deuil

Quand un chien bien-aimé meurt ou que sa mort approche, ceux qui l'ont aimé et en ont pris soin éprouvent une peine immense. Pour certains, c'est comme s'ils perdaient un membre de leur famille ou un ami très cher.

Les causes de la mort

Un chien meurt de l'une ou l'autre de ces façons:
• soudainement, à la suite d'un accident ou d'une maladie;
• par euthanasie (être « endormi »), à la suite d'un accident ou à cause d'une maladie incurable.

L'euthanasie

Offrir à votre chien la possibilité de terminer sa vie paisiblement est l'attitude la plus humaine que vous puissiez avoir à son égard. Le laisser mourir lentement de mort naturelle peut s'avérer très traumatisant tant pour vous que pour lui, et très douloureux pour lui. Parlez-en d'avance avec votre vétérinaire et voyez s'il vaut mieux que cela se passe à la maison ou à la clinique. Décidez aussi de ce que vous ferez du corps. Une fois que vous aurez pris ces arrangements, fixez une date – le plus rapprochée possible afin de ne pas prolonger la souffrance de votre chien ni la vôtre.

À la clinique

Prenez rendez-vous à une heure où les lieux sont déserts, ou à laquelle vous pouvez entrer et sortir par une entrée privée sans passer par la salle d'attente. Demandez à un proche compatissant de vous accompagner: vous ne serez sans doute pas en état de conduire. Apportez une couverture dans laquelle vous envelopperez votre chien pour le ramener à la maison, si tel est votre désir.

Faites en sorte que le trajet se déroule paisiblement. Si vous vous sentez capable d'accompagner votre chien dans ses derniers moments, faites-le. Si vous pensez vous effondrer, laissez le vétérinaire et son assistant s'en occuper; votre détresse risque de perturber votre chien et de rendre sa mort moins paisible que vous ne le souhaitiez.

À la maison

C'est plus coûteux mais sans doute préférable si vous ne pouvez vous rendre à la clinique, si votre chien est trop malade pour bouger, s'il déteste voyager, ou si vous préférez que l'euthanasie ait lieu dans un endroit familier et confortable. Le jour même, suivez la routine normale, mais donnez beaucoup d'attention et de câlins à votre chien – il ne comprendra sans doute pas pourquoi, mais il l'appréciera néanmoins et vous vous en sentirez mieux.

Le déroulement

Bien faite, l'euthanasie est rapide et sans douleur. Le vétérinaire mettra votre chien sous sédatif si celui-ci est très perturbé ou difficile à manipuler et à contenir. Il rasera une patte de devant pour trouver la veine, puis y injectera une surdose d'anesthésiant; le chien s'endormira, tombera dans l'inconscience et s'éteindra doucement en quelques secondes.

Après

Le vétérinaire fera enterrer ou incinérer le corps selon vos directives. Ou peut-être le ramènerez-vous à la maison pour l'enterrer dans votre jardin. La tombe doit avoir au moins 1 m (39 po) de profondeur et être loin des cours d'eau (renseignez-vous auprès du bureau de l'environnement de votre région). Il existe aussi des cimetières et des crématoriums pour animaux; leurs services et leurs coûts varient, alors renseignez-vous.

Le deuil

Le deuil fait partie du processus d'acceptation de la mort. Et nul ne peut dire combien de temps cela prendra: certaines personnes sont capables de s'en remettre plus facilement que d'autres.

Demander de l'aide

Vous penserez avoir surmonté votre deuil, mais soudain, le sentiment de perte vous frappera – par exemple quand quelque chose viendra vous rappeler votre chien – et le chagrin vous submergera de nouveau. N'hésitez pas à vous appuyer sur votre famille et vos amis au besoin, ni à avoir recours aux services d'accompagnement offerts à ceux qui doivent faire le deuil de leur animal. Si vous n'êtes plus capable de supporter votre tristesse, consultez un médecin compréhensif; vous aurez peut-être besoin de soutien professionnel ou de médicaments pour soulager votre douleur et fonctionner normalement.

Les enfants et le deuil

Selon leur âge, les enfants réagissent différemment à la mort d'un animal de compagnie. Un thérapeute du deuil saura vous expliquer comment approcher votre enfant et lui parler de la mort de son animal. Il

pourra aussi aider l'enfant au besoin. Évitez de dire que l'animal « a été endormi » parce que cela crée de faux espoirs. Doit-on laisser l'enfant voir le corps? Cela dépend de l'enfant lui-même et de son âge. Là encore, le thérapeute vous conseillera.

Les animaux et le deuil

Les autres animaux de la maison peuvent aussi souffrir de la mort du chien. La meilleure chose à faire consiste à les laisser suivre leur petite routine et à établir entre eux de nouveaux liens hiérarchiques.

Quand vous sentirez que le temps est venu d'adopter un nouveau chien, rappelez-vous qu'il y a, dans les refuges, plusieurs chiens abandonnés qui attendent d'avoir accès à un bon foyer.

Index

Aboyer 42, 46

Adoption, raisons motivant l' 4, 8, 10-11

Adulte, choisir un chiot ou un 16

Affection 11

Agiter la queue 47

Agressivité 41, 48

Agressivité par peur, attitude 40

Airedale 14

Anatomie 94-99

Ancêtres 44-45

Animal de compagnie 10, 45
deuxième 17, 54-55, 123
raisons pour en avoir 4, 8, 10-11

Animaleries 19

Arrivée du chien 36-37

Assis, dressage 82

Assurances 31

Attaque (et convulsions) 121

Attention, quémander de l' 78-79, 90

Automobile, voyager en 51, 68

Babines, se lécher les 42

Bâiller 42

Berger allemand métissé 13

Blessures qui saignent 121

Boiter 121

Bols 20

Bonnes manières à la maison 88

Bonnes manières en société 88

Bouche 64, 102

Brûlures 118-119

Cage 22-23, 68

Cage, entraînement à la 77-78

Calories 26

Castration 110, 111

Chaleurs 112

Chasser 47

Chenil 23, 51, 68

Chien blessé, déplacer et soulever un 118

Chiens de troupeaux, caractéristiques 14

Chien errant 19

Chien guide 10, 11

Chiens de berger 45

Chiens de chasse, caractéristiques 14

Chiens de race 12-14

Chiens de travail, caractéristiques 14

Chiots : choix 16
croissance 114-115
discipline 63
dressage 76-79
nourriture 28
sevrage 113
soins 62-64

Choisir un chien 12-17

Circonspection, attitude 42

Collecte d'informations 47

Collier étrangleur 22

Collier, entraînement au 76

Colliers 22, 75

Communication :
langage corporel 38, 40-43
physique 58-59
vocale 46, 58-59

Compagnie 4, 10
pour le chien 17
pour le chien âgé 123

Comportement : 38-55
changement dans le 107
corriger les troubles du 89
normal 46-49
obsessif 43

Condition physique 106

Contact humain 50

Contraception 111

Convulsions 121

Corps 94-99

Corps étrangers 120

Couche 20, 21, 36

Couché, dressage 84

Crottes : élimination 106
ingestion 46

Dents 64, 102

Déplacer un chien blessé 118

Deuil 124-125

Discipline 63

Domestication 44-45

Donne, dressage 86

Dressage 70-91, 107
chien jeune et adulte 80-91
chiots 76-79
cours 77
différences entre les races 73-74
durée d'une session 73
matériel 75
temps nécessaire 74

Écoute, attitude l' 42

Éducation 70-91

Électrocution (choc électrique) 119

Éleveurs 19

Empoisonnement 35, 119

Endroits où trouver un chien 19

Enfants 17, 60-61, 125

Enjoué, attitude 41

Ennui 32

Entraîneur 74, 77

Environnement 30-35
s'habituer à l' 50-51

Espace vital 31, 59

État de choc 121

Étouffement 120-121

Euthanasie 124-125

Examens de routine : guide-éclair 109

Exercice 11

Félicitations 63
Feux d'artifice 108
Fibres 25
Fibres brutes 25
Fixer 58
Fractures 119
Friandises 73, 74, 84
Frontière, passer la 69

Garder 46
Gardiens 68-69
Gestation 112-113
Glucides 25
Goût, sens du 101
Gras (dans l'alimentation) 25
Grimper sur les meubles 89
Gronder 46

Habitudes alimentaires 24
Handicapé visuel,
    chien guide pour 11
Hiérarchie 46-47, 62
Hôtels 69
Humeur, changements
    d' 107
Hurler 42, 46
Hygiène : buccale 64
  enfants 61
  nourriture 29
  personnelle 49
  règles 29
Hystérectomie 110-11

Indépendance,
    le chien source d' 11
Infections fongiques 104
Installation 37
Interaction 33-34, 48, 60

Jeu 32-33, 48-49, 58
  avec des enfants 60, 61
  jouer dur 33
  pour chiot 62
Jeune chien, dresser un 80-91
Jouets 14, 20-21, 32-33, 72

Labrador 13
Laisse 22, 22, 75
Laisse, entraînement à la 76, 80
Langage 38
Langage corporel 38, 40-43, 49
Larmes 103
Lécher (se) : les babines 42
    le visage d'une personne 49
Lésions internes 121
Lévriers, caractéristiques 14
Lieux 30-31
Ligaments 96
Lit 20, 21
Loups 44

Mâchonner 63, 91
Maîtres : mode de vie 32
    tempérament 31
Maladie, attitude 40
Mammites 113
Manipuler le chien 58-59,
    63-64, 67
  un chien blessé 118
Matériel : de base 20-23
    dressage 75
    premiers soins 21, 117
    toilettage 23, 67
Médicament, administrer un 104
Métissés, chiens 12-13
Minéraux 25
Mites 104
Mode de vie 12-14, 32
    le chien convenant au 15
Mordillage 78-79
Morsures de serpent 35
Mort 124-125
Mouvements, aisance des 103
Mue 67
Muselière 34

Naissance 112-113
Nez, santé du 102
Noël 107-108
Nourriture 24-29
  calories 26
  chien âgé 122

chiot 62
fréquence des repas 24
heure des repas 29
hygiène 29
rations quotidiennes 26
règles de base 29
selon l'âge 28
sortes de 27-28
suppléments alimentaires 28
Noyade 120
Nutriments 24-26

Obésité 106
Occasions spéciales,
    soins 107-108
Odorat, sens de l' 101
Ordres 51, 72-73
Oreilles 101, 102, 103
Ouïe 101

Parasites 21, 104
Peau 99
Pedigree (pure race) 12-14
Pelage 99
Pelle à crottes 20
Peur, attitude 41
Pillage des poubelles 49
Piqûres 35, 119-120
Possessivité 46
Pouls, vérifier le 107, 116
Poux 104
Premiers soins 116-121
    trousse de 21, 117
Propreté, dressage 78
Protéines 25
Puces 104
Pure race (pedigree) 12-14

Quand adopter un chien 18

Race indéfinissable 12, 13
Races : choisir 12-15
    différences dans le
      dressage 73-74
Raideur 103
Rappel 81

Rapporter, dressage 86
Récompenses 63, 72-73, 74, 81
Refuges 19, 111
Relation 6
Reproduction 112-115
Respiration artificielle 116-118
Reste, dressage 82, 83
Rouler sur le dos, dressage 85

Second chien 17, 54-55, 123
Sécurité : à l'extérieur 35
   à l'intérieur 34
   avoir un chien par 11
   enfants 60
   sur la route 87
Sens 100-101
Sevrage 113
Sexe, choix du 17
Socialisation 50-53
Soins 56-69
   des chiots 62-64
   santé 92-125
Sommeil 48

Soulever un chien 59
Soumission, attitude 43
Sourire 43
Springer Spaniel anglais 30
Squelette 94-95
Stérilisation 110-111
Système circulatoire 97
Système digestif 98
Système musculaire 95-96
Système respiratoire 96

Tempérament du maître 31
Tendons 96
Terriers, caractéristiques 14
Tiques 104
Toilettage 65-67
   accessoires de 23, 67
   habituer le chien au 51, 63, 64
   méthode de 66
   raisons du 65-66
   sortes de pelage 65
Toucher, comment le 58
Toucher, sens du 101

Traitement externe, comment
   appliquer un 104-105
Tristesse, attitude 40

Uriner 47
   difficultés à 106
Usines à chiots 19

Vacances 18, 69
Vaccins 64, 105
Vers 104
Vétérinaire : examens 103
   première visite 51
Vieillissement 122-123
Vitamines 25
Voyage 51, 68-69
Vue 100

Yeux 100, 102-103

Remerciements

Directrice de rédaction
   Clare Churly
Rédactrice en chef Camilla Davis
Chef du service photographique
   Leigh Jones
Maquettiste Jo Tapper
Assistante à la photothèque
   Taura Riley
Assistante au contrôle de la
   production Nosheen Shan

Crédits photographiques
Octopus Publishing Group Ltd 45 ; /Jane Burton 2, 107, 114-115, 116, 118 ; /Stephen Conroy 25 ; /Steve Gorton 34, 36, 37, 38, 39, 40 haut droite, 40 bas, 41, 42 haut centre, 43 centre, 43 bas, 44, 49, 54, 55, 56, 57, 58, 68, 88, 92, 93, 105, 122 ; /Rosie Hyde 4, 42 haut droite, 43 haut gauche, 46, 62, 63, 66 gauche, 66 centre, 106, 120 ; /Ray Moller 8, 12, 13 haut, 14, 30 ; /John Moss 103 ; /Angus Murray 7, 9, 10, 13 centre, 13 bas, 20 haut droite, 20 bas gauche, 21, 22, 24, 29,31, 32 haut droite, 33, 40 centre gauche, 42 haut gauche, 47, 48 haut, 50, 51, 59 centre, 59 gauche, 60, 61 bas, 70, 71, 72, 73, 75 gauche, 76, 77, 78, 80 gauche, 80 droite, 80 centre, 81 gauche, 81 droite, 82 gauche, 82 centre, 83 haut gauche, 83 haut droite, 83 bas droite, 83 bas gauche, 84 gauche, 84 droite, 84 centre, 85 haut gauche, 85 haut droite, 85 bas droite, 85 bas gauche, 86 haut gauche, 86 haut droite, 86 bas, 87 haut, 87 bas droite, 87 bas gauche, 87 bas centre, 89 gauche, 89 droite, 90 haut droite, 90 haut gauche, 90 bas gauche, 91 haut droite, 91 bas droite, 91 bas gauche ; /Tim Ridley 11, 18, 32 haut gauche, 35, 123, 125 ; /I. Wickenden 23, 26.